AGRONEGÓCIO E INDÚSTRIA CULTURAL:
ESTRATÉGIAS DAS EMPRESAS PARA A CONSTRUÇÃO DA HEGEMONIA

Ana Manuela Chã

AGRONEGÓCIO E INDÚSTRIA CULTURAL:
ESTRATÉGIAS DAS EMPRESAS PARA A CONSTRUÇÃO DA HEGEMONIA

1ª edição

EXPRESSÃO POPULAR

São Paulo • 2018

Copyright © 2018 by Editora Expressão Popular

Revisão: *Dulcineia Pavan, Nilton Viana e Lia Urbini*
Diagramação e capa: *Zap Design*
Impressão: *Paym*

Dados Internacionais de Catalogação-na-Publicação (CIP)

C426a	Chã, Ana Manoela Agronegócio e indústria cultural: estratégias das empresas para a construção da hegemonia. / Ana Manoela Chã.—1.ed.—São Paulo : Expressão Popular, 2018. 207 p. : tabs. Indexado em GeoDados - http://www.geodados.uem.br. ISBN 978-85-7743-340-7 1. Indústria cultural. 2. Produção cultural – Teoria. 3. Agronegócio. 4. Economia agrícola. 5. Administração rural. I. Título. CDU 316.77

Catalogação na Publicação: Eliane M. S. Jovanovich CRB 9/1250

Todos os direitos reservados.
Nenhuma parte deste livro pode ser utilizada
ou reproduzida sem a autorização da editora.

1ª edição: dezembro de 2018
1ª reimpressão: abril de 2023

EDITORA EXPRESSÃO POPULAR
Alameda Nothmann, 806
Sala 06 e 08, térreo, complemento 816
01216-001 – Campos Elíseos – SP
livraria@expressaopopular.com.br
www.expressaopopular.com.br
🅵 ed.expressaopopular
🅾 editoraexpressaopopular

SUMÁRIO

Agradecimentos... 7

Notas sobre as ideias sólidas deste livro 9
Walter Garcia

Introdução 15

Estado, "revolução verde" e indústria cultural 23

Como o agronegócio constrói sua hegemonia......................... 47

Cultura e arte legitimando o agronegócio............................... 81

A *trama* do agronegócio 179

Referências... 187

Apêndice A – quadro com os projetos financiados via
renúncia fiscal pela transnacional Syngenta de 1998 a 2015.................... 205

AGRADECIMENTOS

À minha avó
Maria *do Rei* (*in memorian*)
À Manu, Luísa e Tomás
Às trabalhadoras e
trabalhadores Sem Terra

Este livro é o resultado de uma pesquisa desenvolvida no âmbito da realização de um Mestrado em Desenvolvimento Territorial na América Latina e Caribe (TerritoriAL), do Instituto de Políticas Públicas e Relações Internacionais (IPPRI) da Universidade Estadual Paulista "Júlio de Mesquita Filho" (Unesp) em parceria com a Via Campesina e a Escola Nacional Florestan Fernandes.

É, assim, um fruto, ainda que singelo e em construção, da luta das trabalhadoras e trabalhadores sem terra pela democratização do conhecimento e pela reforma agrária popular.

Foi uma experiência desafiadora colocar no papel e aprofundar as muitas reflexões feitas coletivamente, na esperança de que possam, de alguma maneira, fortalecer a luta no plano da batalha das ideias e da transformação concreta da sociedade.

Um agradecimento carinhoso e coletivo a todas e todos que me acompanharam nesta jornada, em especial ao querido companheiro e amigo Rafael, pelo motivador diálogo e orientação. Ao meu amor companheiro João Paulo, pelo seu estímulo, carinho e debate de ideias, sempre! Aos meus sem terrinha Manu,

Luísa e Tomás que foram embarcando junto nesta viagem, fazendo o desafio crescer, mas ajudando a colorir as páginas e a vida. E muito especialmente ao Movimento dos Trabalhadores Rurais Sem Terra e à Escola Nacional Florestan Fernandes por toda a trajetória de luta e incentivo permanente ao estudo.

PREFÁCIO

NOTAS SOBRE AS IDEIAS SÓLIDAS DESTE LIVRO

Em uma crônica publicada em 1929, Mário de Andrade comentava a função das estátuas nas ruas e praças públicas. Dizia que, na realidade, elas não serviam para conservar a memória de um homem de certo valor, mas sim para três coisas: ou para aumentar a vaidade do "grupo de amigos" que havia se empenhado na homenagem ao morto; ou para servir como ponto de referência aos transeuntes; ou para divertir os turistas, que ririam da feiura do monumento "só pra meter o pau na terra visitada". E quando Mário cogitou na função educativa que uma estátua deveria ter, embatucou: "Neste ponto é que a porca torce o rabo". Afirmou, então, que só enxergava um jeito de uma estátua "chamar a atenção de verdade": sendo grandiosa e incomodando tanto que chegasse a atrapalhar o caminho das pessoas. E argumentou que os comerciantes haviam percebido isto muito bem: "É incontestável que o anúncio erguido à 'memória' de tal cigarro ou sabonete, no Anhangabaú, é monumento que jamais Colombo não teve".[1]

---

[1] Cf. Mário de Andrade, "O culto das estátuas". *In:* Mário de ANDRADE. *Os filhos da Candinha*. Belo Horizonte: Itatiaia, 2006, p. 22 a 24.

Já Tom Jobim, quando foi entrevistado por uma revista do meio publicitário em 1983, elogiou mensagens concisas que se limitavam a dizer, por exemplo, "Coca-Cola é isso aí", frase que não informava se a bebida era boa ou ruim. E completou: "Publicidade é igual a assaltante: fala direto".[2] Na entrevista, Tom estava obviamente sendo irônico. E se a ironia é um recurso que nos faz rir, muitas vezes com bastante amargura, de coisas sérias, a semelhança disparatada entre anúncio e assalto é um assunto que merece ser considerado. Por sua vez, o publicitário João Anzanello Carrascoza escreveu sem ironia nenhuma, em 2003, que o ápice de uma mensagem comercial é quando ela se torna "uma figura de autoridade", quando se transforma em "uma recordação na casa dos mortos que, a qualquer hora, pode ressuscitar".[3] Trocando em miúdos, a propaganda comercial seria como Freddy Krueger, ela nos ataca se estamos adormecidos; a diferença é que o ataque de Freddy Krueger não esconde que faz parte de um pesadelo, enquanto a propaganda nos convence, com a sua autoridade, que o pesadelo é um paraíso.

E não é fácil acordar. Ou seja, não é fácil despertar do pesadelo quando ele se apresenta com máscaras ora espalhafatosas, ora concisas e diretas, mas que nos convencem porque são sempre simpáticas e agradáveis até mesmo quando confessam cinicamente seus verdadeiros interesses. Em outras palavras, as máscaras da publicidade são opostas ao rosto sádico e vingativo de Freddy. Acresce que chamar a atuação das empresas, no campo simbólico, de *A hora do pesadelo* pode levar a alguns erros básicos. Devemos lembrar, com T. W. Adorno, que a propaganda fascina por meio da "manipulação racional do irracional", uma

---

[2] Cf. Sérgio CABRAL (pai). *Antônio Carlos Jobim: uma biografia*. Rio de Janeiro: Lumiar, 1997, p. 363.

[3] Cf. João Anzanello CARRASCOZA. *Redação publicitária: estudos sobre a retórica do consumo*. São Paulo: Futura, 2003, p. 56 e 59.

estratégia fascista. Mas as disposições subjetivas, como salienta também Adorno, não explicam inteiramente a propaganda, a qual responde a uma organização econômica.[4]

Em alguma medida, os anúncios comerciais e as próprias mercadorias possuem propriedades que satisfazem necessidades humanas originadas da fantasia ou do estômago. A extensão do horror, a concretude do pesadelo é percebida quando sabemos muito bem quais são as relações sociais que sustentam a produção, a distribuição e o consumo destas mercadorias, bem como quando avaliamos, sem rodeios, quão úteis elas são frente àquelas necessidades.

Se escrevo um prefácio, até aqui, aparentemente distante do tema deste livro, é porque estas minhas notas foram motivadas por sua leitura e releitura. E pela admiração que tenho pelo trabalho.

Ana Chã traz estas questões, que são em si mesmas fugidias, de modo consistente, sólido, ao estudar como o setor do agronegócio constrói, reforça e expande sua hegemonia no campo simbólico do Brasil recente. Um dos resultados é que ficamos sabendo sem lero-lero e em profundidade o jogo de imagens difundido por empresas e entidades de classe.

Além disso, no livro não se sente nem o medo de conhecer, nem o medo de dar a conhecer as estratégias que recebem a crítica. Com isto, por um lado, o texto se manteve longe de qualquer tipo de derrotismo ou de adesão. E, por outro lado, apoiando-se em pesquisa muito bem-feita, Ana Chã registra a amplitude das iniciativas do setor do agronegócio, que vão de projetos educacionais à distribuição de patrocínios e prêmios, do investimento

---

[4] Cf. T. W. Adorno, "O que significa elaborar o passado". *In:* T. W. ADORNO. *Educação e emancipação.* Trad. Wolfgang Leo Maar. 2ª ed. Rio de Janeiro: Paz e Terra, 2000, p. 29 a 49.

em arte erudita à promoção de shows, feiras e festas, do bom relacionamento com a mídia hegemônica ao aumento da bancada ruralista no Congresso Nacional – e esta síntese não enumera todas as formas de atuação estudadas e, portanto, agora mais visíveis para os movimentos contra-hegemônicos.

Como todo trabalho intelectual bem realizado, este livro participa de um esforço coletivo, levado adiante com bastante lucidez. Estudá-lo é um dos passos para que este esforço prossiga, em busca de projetos alternativos que combatam tantos retrocessos no Brasil e no mundo.

Walter Garcia
Músico e Professor do Instituto de Estudos
Brasileiros da Universidade de São Paulo

Desconfiai do mais trivial, na
aparência singelo.
E examinai, sobretudo, o que
parece habitual.
Suplicamos expressamente: não
aceiteis o que é de hábito como
coisa natural,
pois em tempo de desordem
sangrenta, de confusão organizada,
de arbitrariedade consciente, de
humanidade desumanizada,
nada deve parecer natural, nada
deve parecer impossível de mudar.
Nada é impossível de mudar

Bertolt Brecht

INTRODUÇÃO

Em 2003, primeiro ano do governo Lula, a Monsanto lançou uma campanha institucional intitulada "Imagine". Entre imagens de uma natureza exuberante e pessoas felizes e, ao som de "What a wonderful world" de Louis Armstrong, uma voz convidava a imaginar esse mundo "maravilhoso":

> Imagine um mundo que preserve a natureza, o ar, os rios, onde a gente possa produzir mais, com menos agrotóxicos, sem desmatar as florestas. Imagine um mundo com mais alimentos, e os alimentos mais nutritivos, e as pessoas com mais saúde. Já pensou? (Monsanto, 2003).

"Já pensou?" Quem nunca pensou em um mundo, em um Brasil, sem fome? Com abundância de comida? Sem problemas ambientais? Onde a convivência entre seres humanos e a natureza seja a mais harmoniosa possível? A pergunta certamente fez muita gente pensar.

O comercial continuava e logo em seguida apresentava os transgênicos, até então proibidos no Brasil, como o caminho a seguir para alcançar esse sonho, a exemplo do que já faziam países desenvolvidos da Europa, Estados Unidos e Japão, e deixava uma pergunta: "Você já pensou num mundo melhor? Você pensa como a gente" (Monsanto, 2003?).

Deixando de lado a polêmica gerada pela publicidade,[1] nesta pergunta/resposta final a empresa deixa entrever o seu grande objetivo com este tipo de propaganda: fazer com que as pessoas pensem como ela quer, buscando assim uma aceitação geral da sua proposta de agricultura e, consequentemente, um aumento das suas vendas e lucro.

O comercial da Monsanto foi ao ar pouco tempo depois de Luís Inácio Lula da Silva do Partido dos Trabalhadores (PT) ter ganho as eleições presidenciais no Brasil por uma ampla maioria, depois de mais de dez anos do receituário neoliberal aplicado em especial pelos governos de Fernando Henrique Cardoso (FHC), do Partido da Social Democracia Brasileira (PSDB). O país estava estagnado e os índices sociais e ambientais revelavam níveis altíssimos de desigualdade. Era grande a expectativa em torno do novo governo, nomeadamente que pudesse fazer reformas estruturais e atender pautas históricas dos trabalhadores, tanto no campo social como ambiental.

Mas, ainda durante a campanha, Lula deu sinais[2] aos capitalistas brasileiros e estrangeiros de que iria manter a política econômica conservadora, junto com a ampliação de políticas sociais. No campo, as grandes corporações fortaleciam cada vez mais seu modelo de agricultura, expandindo suas monoculturas para exportação e mostrando que já haviam definido qual seria o projeto para o campo – o agronegócio, independente de quem ocupava o governo.

Era preciso, então, "preparar o terreno para o plantio", e isso significava despertar o interesse da opinião pública para

---

[1] Ver, neste livro, o capítulo "Cultura e arte legitimando o agronegócio".

[2] Carta ao povo brasileiro, de junho de 2002.

essa "nova agricultura", seus "guardiões" e suas potencialidades, inclusive de criação de um "mundo melhor". A Monsanto se atribuía o papel de indicar o caminho para esse mundo e, consequentemente, esse Brasil melhor, por meio da sua agricultura e, em especial, de suas tecnologias.

Este é apenas um exemplo, entre muitos, de como as empresas e as entidades de classe que representam o setor do agronegócio buscam construir e fortalecer sua hegemonia, produzindo uma imagem de campo e de Brasil bem-sucedido, sem contradições e em plena expansão. A indústria cultural, em especial através da publicidade e da propaganda de grande alcance, mas também, mais recentemente, com o *marketing* cultural e ações junto das comunidades, tem sido assim a parceira ideal para tal tarefa.

É frequente o envolvimento das empresas do agronegócio no campo artístico: temos empresas de veneno organizando festivais de música, produtoras de transgênicos financiando sessões de cinema e oficinas culturais para jovens, grandes empresas de celulose ou de cana-de-açúcar patrocinando orquestras sinfônicas ou organizando corais de trabalhadores. São fenômenos recorrentes, mas, como lembra Wu (2006), não são naturais.

Anos se passaram desde essa campanha da Monsanto. Esse "mundo melhor" que a empresa prometia com a "ajuda" dos transgênicos parece longe de se alcançar. No Brasil, cerca de setenta variedades de seis espécies de sementes transgênicas estão liberadas para plantio e consumo – entre elas o feijão nosso de cada dia. O país é hoje o maior consumidor de agrotóxicos do mundo. O desmatamento não cessou. Temos um elevado número de casos de câncer e de problemas ambientais associados ao uso de transgênicos e venenos, só para citar algumas das contradições do modelo.

Como explicar então a supremacia deste projeto de campo (o agronegócio)? Apenas pelos resultados econômicos e apoio político? Em boa parte sim, mas não só. Entender este processo implica ir a fundo na tentativa de analisar como esse setor atua no campo simbólico também. Não sendo um problema novo, visto que a relação entre Indústria Cultural e a Questão Agrária pode ser identificada já na década de 1960, com "a influência decisiva que teve a Indústria Cultural para a implementação da Revolução Verde no Brasil" (Villas Bôas, 2012, p. 166), ele se coloca cada vez mais como central para compreender o momento presente.

Por isso, há pouco mais de uma década o tema vem se tornando de interesse dos movimentos populares de luta pela terra que buscam construir uma perspectiva contra-hegemônica ao modelo do agronegócio e ao projeto dominante de um modo geral.

Mas as análises sobre este tema privilegiam, quase sempre, os elementos da economia e da política, ignorando, ou dando pouca importância, à dimensão da cultura. Mesmo para os movimentos populares que identificam o agronegócio como um dos seus principais oponentes políticos, este não era, e ainda não é, um campo de elaboração prioritário, ou fica restrito à ação dos meios de comunicação de massa. Segundo Villas Bôas, essas discussões "até aparecem, mas como iniciativas setorizadas, e não estruturantes" (2012, p. 155).

A realidade, porém, com a crescente aposta do setor na ampliação da sua atuação para aparelhos privados de hegemonia, como as escolas e o *marketing* cultural, tem mostrado que o processo de expansão do agronegócio, que ameaça a agricultura camponesa e as comunidades tradicionais, implica também uma territorialização da indústria cultural no meio rural que passa a ocupar um espaço central na vida dessas populações, cumprindo muitas vezes um importante papel de desmobilização e perda de identidade com a vida no campo.

Como ressalta Cevasco, a cultura é hoje a mais evidente expressão do capitalismo que "depende para seu bom funcionamento de uma lógica cultural, de uma sociedade de imagens voltada para o consumo" (2001, p. 09). Assim, está colocada cada vez mais a necessidade de ampliar as análises e articular esferas de conhecimento que muitas vezes aparecem dissociadas, como é o caso da economia, da política e da cultura, por parte daqueles que buscam compreender a totalidade do processo de hegemonia e dominação que está em curso no campo brasileiro e na sociedade como um todo.

O texto, do ponto de vista da exposição, está organizado em três capítulos. O primeiro situa o problema em perspectiva histórica: da articulação entre "revolução verde", indústria cultural e Estado/governo desde a década de 1960 até a configuração do bloco histórico atual – no momento imediatamente anterior à deposição da presidenta Dilma Rousseff por meio do processo de *impeachment* – e a consolidação do agronegócio como setor dominante da agricultura brasileira.

O segundo capítulo aborda os elementos que conformam hoje esse modelo capitalista no campo, dando especial atenção aos mecanismos pelos quais o agronegócio fabrica e mantém a sua hegemonia, criando no senso comum a imagem de que é hoje o setor mais importante da economia brasileira, consagrando assim a histórica "vocação agrícola" do país perante a sociedade e o mundo. Destacaremos os elementos econômicos do setor e a contribuição do setor público para o seu sucesso, a organização do patronato rural e sua ação política e no campo ideológico, os projetos educacionais que o setor vem levando a cabo e a sua representação estética e discursiva na mídia e na ficção.

No terceiro capítulo, analisamos o papel da indústria cultural e as diversas formas de construção do consenso a partir de diversos mecanismos, como a publicidade e o *marketing* cultural, incluindo as principais ações no campo da cultura desenvolvidas pelas empresas, em especial aquelas que são realizadas nas comunidades. Destacam-se aqui as ações de "massificação" da arte erudita, os projetos de cinema itinerante, as oficinas artísticas, os prêmios das empresas às artes, além das festas do setor e o patrocínio à grande festa do carnaval. Buscamos identificar tendências e desvelar os objetivos por trás de cada uma delas na construção desse imaginário popular. Essa análise está baseada principalmente nos materiais disponibilizados pelas empresas nos meios de comunicação, como os planos de responsabilidade social e ambiental, os relatórios dos programas culturais, dados do Ministério da Cultura, além de peças publicitárias e páginas na internet.

Concluindo, elencamos algumas reflexões que, acreditamos, ajudam a interpretar com mais profundidade este fenômeno.

Este trabalho se insere em uma linha de pesquisa coletiva que vem sendo desenvolvida pela militância na área da cultura e da comunicação dos movimentos populares que compõe a Via Campesina no Brasil. Esses debates e estudos coletivos vêm sendo sistematizados por diversos militantes pesquisadores, seja informalmente seja na academia, como por exemplo os trabalhos de José Joceli dos Santos, o "Garganta de Ouro", sobre a Indústria Cultural nos Assentamentos de Reforma Agrária a partir da implementação do Programa Luz para Todos (Santos, 2005) e de Lupércio Damasceno sobre a relação entre Agronegócio e Indústria Cultural (Damasceno, 2011), em especial nas festividades do Nordeste, pelo pioneirismo e perspicácia das análises. Mas busca também dialogar com trabalhos que identificam e analisam essas conexões entre as diferentes áreas de construção e manutenção da hegemonia do modelo de agricultura capitalista,[3] como a comunicação e a educação.

De 2015 até hoje, cerca de três anos após a coleta de dados da pesquisa, várias mudanças aconteceram no que diz respeito à situação política e econômica do país que afetaram direta e indiretamente o agronegócio. A crise internacional atingiu fortemente o setor, que viu o crédito e também suas receitas diminuírem. Vários escândalos de corrupção atingiram empresas até então chaves, como a JBS entre outras, e em escala internacional há uma forte tendência de fusão e concentração de capitais – como é o caso da compra da Monsanto pela Bayer.

A atuação das empresas no campo cultural também sofreu algumas mudanças, com uma ligeira diminuição nos projetos realizados nas comunidades, mas, por outro lado, se fortalecendo através de uma gigantesca operação midiática de valorização da imagem do setor, pela campanha "Agro é Tech, Agro é Pop, Agro é tudo" concebida pelas gerências de *Marketing* e de Comunicação da Rede Globo.

Embora mudanças importantes, acreditamos que não alteraram substancialmente a força e o papel estratégico que o setor tem no cenário brasileiro e internacional e nem seu *modus*

---

[3] Alguns exemplos: Villas Bôas, Rafael (2012); Aquino, Manuela. *Dominação e Pedagogia*: O "Projeto Agronegócio na Escola" na formação do consenso nas escolas. Monografia - Especialização *latu sensu* em "Trabalho, Educação e Movimentos Sociais". Escola Politécnica de Saúde Joaquim Venâncio. Rio de Janeiro: 2013; Bruno, Regina. "Movimento Sou Agro: *marketing, habitus* e estratégias de poder do agronegócio". Texto apresentado no 36º Encontro Anual da ANPOCS GT 16´– Grupos Dirigentes e Estrutura de Poder, Fortaleza, 2012. Disponível em: <http://observatory-elites.org/wp-content/uploads/2012/06/Regina-Bruno.pdf>; Depieri, Adriana. *Análise histórica de consolidação da ABAG como partido de organização da classe dominante e sua atual estratégia de atuação nos aparelhos privados de hegemonia n'O Estado de S.Paulo*. Monografia – Especialização *latu sensu* em "Trabalho, Educação e Movimentos Sociais". Rio de Janeiro: Escola Politécnica de Saúde Joaquim Venâncio, 2013.

operandi na área cultural, elemento central para a construção e consolidação da sua hegemonia.

Esperamos, assim, que essas reflexões possam subsidiar as análises dos movimentos populares do campo na definição da sua estratégia contra-hegemônica, fortalecendo o seu combate também no *front* da cultura e, na medida do possível, chamar a atenção da sociedade para a necessidade de desnaturalizar e desconstruir esse imaginário de uma omnipotência do agronegócio.

ESTADO, "REVOLUÇÃO VERDE" E INDÚSTRIA CULTURAL

No Brasil, a atividade agrícola, ao longo dos séculos, tem passado por várias transformações, embora a estrutura agrária tenha permanecido altamente desigual no que diz respeito ao uso e posse da terra.

De um lado, durante os anos de 1950 e 1960, a questão agrária foi foco de grandes debates e lutas populares[1] e as propostas de Reforma Agrária ganharam força no campo da esquerda brasileira, em parte inspirada pelos exemplos de Cuba e da China. De outro lado, a nova ordem mundial que se estabeleceu no pós-grandes guerras mundiais apontava um novo papel para o campo na divisão internacional da produção que passava pela industrialização e o desenvolvimento capitalista da agricultura nos países periféricos. Assim, na década de 1950, o Estado brasileiro deu início a um processo conhecido como "modernização"

---

[1] Destacamos aqui o surgimento de vários movimentos populares e sindicais de luta pela terra como as Ligas Camponesas no Nordeste nos anos 1950, a União dos Lavradores e Trabalhadores Agrícolas do Brasil (Ultab), fundado em 1954, o Movimento dos Agricultores Sem-Terra no Rio Grande do Sul (Master), na década de 1970.

do campo que visava, ao mesmo tempo, combater e impedir o avanço dessas "ameaças comunistas" de redistribuição de terras que cresciam com as propostas de reforma agrária (Alentejano, 2012, p. 480). A propósito, Bernstein afirma que "a política agrícola também foi usada para tentar resolver algumas contradições e tensões sociais herdadas do histórico colonial, tanto na América Latina quanto na Ásia e na África" (Bernstein, 2011, p. 89).

Esse processo de modernização, que se consolidou no Brasil no contexto pós-golpe civil-militar de 1964 e nos anos 1970, teve como um dos seus elementos mais importantes a implantação de um modelo em vários países do mundo, chamado de "Revolução Verde".

Por meio da promessa de um aumento da produtividade no campo, "a Revolução Verde se desenvolveu procurando deslocar o sentido social e político das lutas contra a fome e a miséria, sobretudo após a Revolução Chinesa, Camponesa e Comunista, de 1949" (Porto-Gonçalves, 2006), colocando na questão da técnica a centralidade do problema. Ainda segundo o autor, "a própria denominação *Revolução Verde* para o conjunto de transformações nas *relações de poder por meio da tecnologia* indica o caráter político e ideológico que estava implicado".

O pacote de transformações tecnológico-científicas viria, desde logo, acompanhado de uma clara estratégia de comunicação e convencimento sobre a sua eficácia e inevitabilidade na resolução do problema da fome.

No Brasil, o período foi marcado pela abundância de crédito agrícola, absorção de insumos modernos e integração aos grandes circuitos de comercialização, promovidos pelo Estado (Mendonça, 2008). Os agricultores começaram a depender dos financiamentos bancários que impunham a adoção desse pacote como condição para liberação de recursos financeiros.

Isso significou a transformação do modelo da agricultura camponesa que passou a ser fortemente dependente de insumos químicos (fertilizantes, herbicidas, sementes híbridas) e de assistência técnica. Porto-Gonçalves (2006) ressalta que para tal foi criado "todo um complexo técnico-científico, financeiro, logístico e educacional" sob influência de organismos internacionais como o CGIAR – Conselho de Pesquisa Agrícola Internacional – e de grupos empresariais como os Rockefellers dos Estados Unidos da América. Da mesma forma, a ação do Banco Mundial pela Agência de Desenvolvimento Internacional dos Estados Unidos (Usaid) foi além do campo econômico, implementando os Programas Integrados de Desenvolvimento Rural (PIDRSs) da década de 1970, "pacotes" abrangentes que incluíam educação e saúde (Bernstein, 2011, p. 89).

Dentre estes destacamos os acordos estabelecidos entre a Agência de Desenvolvimento Internacional dos Estados Unidos (Usaid) e o Ministério da Educação do Brasil (MEC),

> que tinham por objetivo implantar o modelo escolar estadunidense, desde o ensino primário ao universitário, da formação dos professores ao material didático, com vista à educação tecnicista e às demandas do mercado (Bastos *et al.*, 2012, p. 416).

Para ter a dimensão da parceria entre Usaid e MEC organizamos o Quadro 1.

Quadro 1 – Periodização dos acordos MEC-Usaid na década de 1960

Data	Acordo	Finalidades
26/06/1964	MEC- Usaid	Aperfeiçoamento do Ensino Primário
31/03/1965	MEC-Contap (Conselho de Cooperação Técnica da Aliança para o Progresso)-Usaid	Melhoria do Ensino Médio
29/12/ 1965	MEC-Usaid	Dar continuidade e suplementar com recursos e pessoal o primeiro acordo para o Ensino Primário
5/05/1966	Ministério da Agricultura-Contap-Usaid	Treinamento de técnicos rurais

24/06/1966	MEC-Contap-Usaid	Assessoria para expansão e aperfeiçoamento do quadro de professores de Ensino Médio e proposta de reformulação das Faculdades de Filosofia do Brasil
30/06/1966	MEC-Usaid	Assessoria para modernização da administração universitária
30/12/1966	MEC-INEP-Contap-Usaid	Acordo, sob a forma de termo aditivo dos acordos para aperfeiçoamento do Ensino Primário; nesse acordo aparece, pela primeira vez, entre os objetivos, o de "elaborar planos específicos para melhor entrosamento da Educação Primária com a Secundária e a Superior"
30/12/1966	MEC-Sudene- Contap-Usaid	Criação do Centro de Treinamento Educacional de Pernambuco
6/01/1967	MEC-SNEL (Sindicato Nacional dos Editores de Livros)-Usaid	Cooperação para publicações técnicas, científicas e educacionais
9/05/1967 (vigente até 30/06/1969)	MEC-Usaid	Reformulação do primeiro acordo de assessoria à modernização das universidades, então substituído por assessoria do planejamento do Ensino Superior
27/11/1967	MEC-Contap-Usaid	Cooperação para a continuidade do primeiro acordo relativo à orientação vocacional e treinamento de técnicos rurais
17/01/1968	MEC-Usaid	Dar continuidade e complementar o primeiro acordo para desenvolvimento do Ensino Médio

Fonte: Quadro organizado pela autora a partir da periodização dos acordos MEC-Usaid, organizado por Otaíza de Oliveira Romanelli, citado por Cunha e Góes (1985, p. 33).

Dentre os acordos, destacamos o de 1966 e o de 1967 (continuidade do primeiro) celebrado entre a Usaid, o MEC e o Conselho de Cooperação Técnica da Aliança para o Progresso (Contap) que dizem respeito ao investimento no ensino técnico para a população do campo (orientação vocacional e treinamento de técnicos rurais) com fins de formação de mão de obra, doutrinação ideológica e geração de dependência técnica.

Em certa medida, esses acordos visavam prevenir o ressurgimento das Ligas Camponesas e de outros movimentos que lutavam pela reforma agrária, ou seja, pelo domínio dos meios de produção, e não apenas por emprego e trabalho no campo. Igualmente buscavam anular o legado de movimentos de educação e cultura popular, surgidos no começo dos anos 1960 e extintos pelo golpe militar em 1964, como o Movimento de Cultura Popular de Pernambuco (MCP), coordenado por Paulo Freire, e os Centros Populares de Cultura (CPCs), que tinham forte articulação com o meio rural.

Iná Camargo Costa ressalta como esses movimentos, que articulavam a classe trabalhadora do campo e da cidade e o movimento estudantil – que também fazia parte do processo de ascensão das lutas populares naquele período – começavam a realizar mudanças radicais na produção cultural brasileira, resultando em processos coletivos, de abrangência nacional, com novas temáticas, novas formas, além de aliarem formação cultural com a formação política (Costa, 1996, *apud* Coletivos de comunicação, cultura e juventude da Via Campesina, 2007, p. 16).

O golpe de 1964 não só acabou objetivamente com esses movimentos como realizou um eficiente trabalho de apagar do imaginário popular a memória dessas experiências que estavam em curso.

A instauração e consolidação da ditadura foi o chão sobre o qual se intensificou esse processo de modernização, só possível pela indução do Estado que criou as condições necessárias para que as mudanças se efetivassem (Alentejano, 2012).

A modernização trouxe consequências que em boa medida foram preconizadoras da realidade que vivemos hoje de hegemonia do agronegócio: deu origem ao processo de territorialização do grande capital, como o aumento da concentração da propriedade e da desigualdade no campo; provocou um intenso processo de migração dos camponeses em busca de terra e, mais ainda, de êxodo rural rumo às cidades. Um violento movimento de inversão da concentração da maioria da população, do campo para a cidade, só possível sob um regime político autoritário (Villas Bôas, 2012).

Vários autores têm chamado esse processo de "modernização conservadora", ou como José Graziano da Silva em sua tese de 1982, de "modernização dolorosa", por ter sido um processo que não só manteve a concentração de terras como gerou um elevado custo ambiental (uso intensivo de fertilizantes entre outros) e social (êxodo, pauperização dos camponeses etc.).

Entre 1960 e 1980, o êxodo rural toma proporções gigantescas – estima-se que quase 31 milhões de pessoas tenham abandonado o campo em direção às cidades, levando com elas a miséria rural. Uma vez nas cidades, esses camponeses conseguiram encontrar empregos urbanos de porteiros, empregadas domésticas, trabalhadores da construção civil, vendedores ambulantes, ou nos serviços menos qualificados da indústria. Alguns, ou pelo menos os seus filhos, conseguem frequentar as escolas (Mello; Novais, 1998, p. 619-620). Assim, rapidamente começaram a adotar hábitos tipicamente urbanos, embora também aportem, mesmo que em menor grau, elementos culturais do campo à cidade. E, como identifica Pereira (2012), tudo isso acontece ao mesmo tempo em que vai se fortalecendo uma "base ideológica de valorização do progresso", que justificava as inovações tecnológicas pela necessidade de um aumento na produtividade agrícola a fim de, supostamente, solucionar a fome no mundo.

A aposta naquele período, tanto de produtores como do Estado, em monoculturas como a da soja, trazida ao Brasil dos EUA no final do século XIX, mostra bem o grande impacto que esta modernização trouxe para a agricultura e para o país como um todo. Em texto publicado na página de internet do Centro de Memória Bunge, da Fundação Bunge, intitulado "O Brasil da Soja" é possível ler:

Foi só na segunda metade do século passado, portanto – especificamente na virada dos anos 1960 para os anos 1970 –, que a soja deu um salto gigantesco, com enormes e diversas consequências para o Brasil. Dos hábitos alimentares à indústria brasileira, das práticas agrícolas à ocupação do território nacional, a soja representou um divisor de águas. Com a soja, a agricultura brasileira tornou-se, efetivamente, agronegócio; os novos produtores, munidos de máquinas, sementes e insumos de ponta, avançaram para o Centro-Oeste, abrindo estradas, fazendo brotar cidades e expandindo o País, ao mesmo tempo em que, devido ao modelo mecanizado, aceleravam o êxodo das populações rurais para os centros urbanos. Com a soja, cresceram e consolidaram-se indústrias de óleos de cozinha, de margarina, de gorduras e proteínas vegetais, assim como de farelo e de ração animal, fazendo deslanchar, por consequência, a suinocultura e a avinocultura brasileiras (Fundação Bunge, 2005).

Do ponto de vista da relação capital-trabalho no campo, começam a se perceber várias mudanças:

> O latifúndio acentua fortemente o seu caráter capitalista, mas as médias e boa parte das pequenas propriedades também se convertem em verdadeiras empresas rurais. E vem, nos anos [19]70, a grande novidade representada pelos chamados complexos agroindustriais: em torno de uma grande empresa, a Sadia ou a Perdigão, por exemplo, giram pequenos proprietários que produzem sob encomenda, usando mão de obra familiar e um ou outro assalariado. Por outro lado, aparece uma camada mais qualificada de trabalhadores permanentes, por exemplo, o tratorista, o operador de colheitadeira, o técnico em inseminação artificial. Surgem até novas profissões de nível superior ligadas aos afazeres agrícolas, como o biólogo do centro de pesquisa da usina de açúcar. O antigo engenheiro agrônomo ganha destaque, mas se torna, também, vendedor de adubos e fertilizantes, ou de máquinas e equipamentos agrícolas (Mello; Novais, 1998, p. 609).

Era, então, preciso mostrar ao país todas essas transformações que estavam acontecendo e convencê-lo de que esse era o caminho certo. Neste processo de propaganda da nova fase de modernização, em especial no campo, foi fundamental o papel da ainda recente Indústria Cultural, que havia começado a se desenvolver como aparelho de hegemonia, na década de 1930, com o surgimento do sistema de radiodifusão (Bastos *et al.*, 2012, p. 415).

A implementação da "Revolução Verde" se deu, no Brasil, ao mesmo tempo em que se fortalecia o desenvolvimento de novos sistemas de comunicação, sobretudo a televisão, em especial a criação da Rede Globo, em 1965, em pleno regime ditatorial. Em um país onde a maioria da população ainda vivia no campo e era analfabeta, a televisão, através da publicidade e *marketing*, veio cumprir um papel fundamental de difusão de uma cultura urbana de consumo, supostamente superior, e de progresso tecnológico no campo, com uso intensivo de máquinas e agrotóxicos, em que o camponês não tinha mais lugar (Porto-Gonçalves, 2006).

Tanto a televisão quanto o crescente mercado publicitário brasileiro estavam "a serviço da construção da identidade de um país sem contradições, harmônico, cordial, uma 'potência em crescimento', à revelia do país real", imagem essa "eficiente para o cumprimento de mais um ciclo de modernização conservadora" (Bastos *et al.*, 2012, p. 416).

Além disso, a partir da década de 1970, a Rede Globo passa a cumprir o papel de integração nacional, colocando os brasileiros e brasileiras de Norte a Sul do país a acompanhar as mesmas novelas e jornal. De lá para cá, de acordo com Porto-Gonçalves (2006):

> Os meios de comunicação de massa vêm contribuindo enormemente com esse modelo ao difundir não só um modo de vida, mas também todo o modo de produção que lhe está associado. Afinal, a ideia de que a felicidade humana se obtém, como na imagem de jovens na praia ou numa loja de uma grande cadeia de alimentos consumindo refrigerantes e hambúrgueres globalizados, é a mesma que nos faz aceitar a paisagem monótona de quilômetros e mais quilômetros quadrados de monoculturas, de paisagens homogêneas que

implicam uso maciço de pesticidas, fungicidas e praguicidas (Porto-Gonçalves, 2006, p. 108).

Datam deste período várias peças de publicidade veiculadas na rádio e televisão que até hoje permanecem no imaginário das pessoas. É o caso da publicidade da marca de adubos Manah, que usava, já nos anos 1950, como *slogan* "Com Manah, adubando dá!", e que reforçava a ideia do uso do pacote tecnológico, em especial dos venenos, para maior produtividade. Esse lema foi criado na época pelo próprio fundador da empresa, Fernando Cardoso, parodiando um conto de Monteiro Lobato, "escritor sabidamente dedicado aos temas rurais" (Fundação Bunge, 2009, p. 03). É possível ler no seu histórico que "a empresa que mais trabalhou a percepção de sua marca sob a perspectiva da mente do consumidor urbano foi a Manah, com o famoso *slogan* 'Com Manah, adubando dá!', que patrocinava o programa 'Jovem Guarda', da TV Record, nos anos 60" (Fundação Bunge, 2009, p. 04), mostrando como a preocupação de diálogo com o público urbano, mas a partir de referências rurais, vem já de longa data.

A Manah, fundada em 1947, vendeu no ano de 2000 o controle acionário da empresa para o Grupo Bunge, uma das maiores empresas do agronegócio no Brasil atualmente.

O domínio dos novos meios de comunicação social por parte de poucas famílias, com destaque para a família Marinho, dona do Grupo Globo, vai fortalecendo a criação de um monopólio que se estabelece com apoio da ditadura e que "difunde valores – morais, estéticos e políticos – que acabam por determinar atitudes e comportamentos dos indivíduos e da coletividade" (Mello; Novais, 1998, p. 640).

> Exposta ao impacto da indústria cultural, centrada na televisão, *a sociedade brasileira passou diretamente de iletrada e deseducada à massificada, sem percorrer a etapa intermediária de absorção da cultura*

moderna. Estamos, portanto, diante de uma audiência inorgânica que não chegou a se constituir como público; ou seja, que não tinha desenvolvido um nível de autonomia de juízo moral, estético e político, assim como os processos intersubjetivos mediante os quais se dão as trocas de ideias e de informações, as controvérsias que explicitam os interesses e as aspirações, os questionamentos que aprofundam a reflexão, tudo aquilo, enfim, que torna possível a assimilação crítica das emissões imagéticas da televisão e o enfrentamento do bombardeio da publicidade (Mello; Novais, 1998, p. 640-641, grifo dos autores).

O início dos anos 1980 é marcado pela crise, com uma estagnação do crescimento econômico e o fim da ditadura militar. Nesse momento, a Indústria Cultural cumpre um papel

> chave na mudança de peso nos termos da equação do poder hegemônico [...] por vinte anos prevaleceu no Brasil o poder pela força das armas, momento em que se consolida a Indústria Cultural brasileira para garantir posteriormente o retorno à democracia e o exercício de manutenção do poder pelo consentimento (Villas Bôas, 2012, p. 154 e 167).

No campo, o período é também de mudanças. Se por um lado o clima de abertura política levou ao surgimento de novos movimentos populares no âmbito da luta pela terra, com o caso mais emblemático do Movimento dos Trabalhadores Rurais Sem Terra (1984), tendo reacendido o debate e as tensões em torno da reforma agrária e de uma proposta de redistribuição da terra, por outro lado, como nos lembra Delgado (2005, p. 62), "a forma como a política econômica externa incorporará o setor agrícola na 'solução' do endividamento externo reforça a estratégia de concentração e especulação fundiária no mercado de terras."

Na mesma linha, Oliveira considera fundamental entendermos o mecanismo da dívida externa num contexto da internacionalização da economia brasileira para compreendermos o papel da agricultura naquele momento. O pagamento da dívida era feito, fundamentalmente, por meio da exportação de produtos agrícolas que estava submetida aos preços internacionais. Com a queda dos preços, o país precisa se endividar cada vez mais para poder aumentar a produção. Isso teria levado a

> uma expansão violenta das culturas de produtos para exportação, quase sempre em detrimento daqueles produtos destinados ao mercado interno, para alimentar a população brasileira, [o que resultou, continua, numa] alteração rápida dos hábitos alimentares da população em decorrência da expansão desses produtos (Oliveira, 2013, p. 61)

como é o caso da soja com o óleo de soja, do suco de laranja industrializado, entre outros.

Também neste momento a publicidade teve um papel bastante importante, estimulando novos hábitos de consumo,

> ao longo do processo de industrialização do comer os consumidores se mostram cada vez mais dispostos a aceitar produtos sintéticos ou processados. E para convencer o cliente desta 'necessidade', a publicidade e o *marketing* são ostensivos (Dias, 2014).[2]

No acervo do Centro de Memória Bunge, além de se encontrar várias peças publicitárias e fotos deste período, é possível ter acesso a documentos, como cadernos de pesquisa de marcas, que mostram essa preocupação da empresa sobre como criar identificação dos consumidores com os novos produtos e marcas que estavam lançando. A propósito da história das embalagens, diz um dos textos:

> No Brasil dos anos 1980 e início dos anos 1990, todas as famílias felizes eram iguais. Pelo menos era o que se intuía dos comerciais de margarina veiculados à época, tanto que a expressão 'família de comercial de margarina' entrou no imaginário do brasileiro, onde até hoje é associada à ideia de felicidade. Mas a alegria desmedida

---

[2] Na mesma matéria de Juliana Dias, "Para ir além do alimento-mercadoria", é possível obter a informação de que "a indústria alimentícia americana gasta cerca de US$ 33 bilhões por ano, atrás apenas do setor automobilístico. Além da comunicação, o setor investe em analistas de diversas áreas como antropologia e psicologia".

de pai, mãe e filhos pequenos à mesa do café-da-manhã não era o único elemento constante na comunicação das margarinas. Na maioria das vezes, tratava-se de uma família feliz *em uma casa de campo*. Transposto o mesmo conceito da TV para as embalagens de margarina, reduzida a mensagem à sua essência, eram estes os ícones mais sintéticos e simbólicos: flores, campo, natureza (Fundação Bunge, 2008).

E comentando o porquê da presença desse elemento "campo" nos comerciais:

> O Brasil acabava de passar pelo maior êxodo rural de sua história nas décadas anteriores. Movidos pela industrialização, dezenas de milhões de brasileiros haviam trocado o campo pelas cidades, que cresciam desordenadamente. Não seria surpresa se o País passasse a sentir, coletivamente, uma espécie de nostalgia – não necessariamente ancorada na realidade – por uma vida mais simples, mais aconchegante. Vale notar: o programa *Globo Rural*, o primeiro do gênero na televisão brasileira, estreou em janeiro de 1980. Em agosto de 1981 estreava o *Som Brasil*, sob o comando de Rolando Boldrin. Durante os anos 1980, as duplas sertanejas que viriam a dominar as rádios na década seguinte emplacavam seus primeiros grandes sucessos. E, entre março e dezembro de 1990, a Rede Manchete exibia a novela Pantanal (Fundação Bunge, 2008).

Dois elementos chamam a atenção nesta memória histórica da Bunge, uma das maiores empresas do agronegócio com atuação no Brasil: por um lado, o fato de revelar, pelo menos em parte, a estratégia de construção de hegemonia pelo campo simbólico – criação de programas de TV com temática rural, música sertaneja, novelas, as embalagens da "saudade do campo" e, por outro lado e ao mesmo tempo, a habilidade da empresa em fazer com que toda essa história apareça ao leitor como algo natural e sem contradições e não como algo construído intencionalmente.

Da cidade faziam agora parte esses milhões de pequenos produtores rurais que foram expulsos do campo e constituíam um exército de trabalhadores intensamente precarizados (Mendonça *et al.*, 2002). Era então preciso "alimentar" a nostalgia, para que ela facilitasse a exploração do trabalho desses milhões de desterrados, e ao mesmo tempo estimulasse o consumo.

Naquele momento, a felicidade e a ligação a um mundo já distante – o campo – estavam ao alcance de uma embalagem de margarina, embora nem sempre esses produtos fossem acessíveis para muitas famílias:

> O público alvo da publicidade na televisão seria menos de um terço do total de telespectadores, seria a parcela com poder aquisitivo que permitisse a compra dos bens de consumo sofisticados ofertados pelas empresas, cuja grande maioria era multinacionais, enquanto os outros dois terços 'se integram apenas ao nível do imaginário'. São os consumidores potenciais das imagens, mas não dos bens concretos, de um país 'em desenvolvimento'. (Kehl, 1986, p. 171, *apud* Villas Bôas, 2012, p. 170).

O campo, onde antes o trabalho da roça era pesado para a maioria, estava agora, em grande medida, ocupado por gigantescos monocultivos e poderosas máquinas. Mas no imaginário de quem vivia na cidade, começava a se transformar apenas em uma imagem de vida idílica, em harmonia com a natureza, ao som das modas de viola do Boldrin, para onde se sonhava voltar um dia e descansar numa casa de campo – tantas vezes estampada nos produtos do supermercado –, mas não mais para "ganhar a vida".

Os produtores rurais que sobreviveram e se integraram a esse processo de modernização também se tornaram alvo da publicidade das empresas, que buscavam convencê-los do plantio de novas culturas, da inevitabilidade da compra de determinados insumos químicos e venenos para o aumento da produtividade.

Do ponto de vista da classe dominante no campo, os anos 1980 também trouxeram uma reorganização. Enquanto no período anterior se verificava uma dualização no caráter das entidades como, por exemplo, a Sociedade Rural Brasileira (SRB), paulista, regionalista e tradicionalista, e a Organização das Cooperativas Brasileiras (OCB), empresarial, nacional e supostamente mais *democrática*, a partir de meados dessa década, quando foi divulgado o I Plano Nacional de Reforma Agrária (PNRA), segundo Mendonça (2008), a hegemonia da classe dominante agrária era disputada pela Sociedade Nacional de Agricultura (SNA); a Sociedade Rural Brasileira (SRB), a Organização das Cooperativas Brasileiras (OCB) e a oficialista Confederação Nacional da Agricultura (CNA), e se criou, como reação ao I PNRA, a União Democrática Ruralista (UDR).

E quem se sobressaiu e se projetou para o novo período foi a OCB, assumindo com consenso da classe o papel de sua porta-voz.

Chegamos assim aos anos 1990 com um cenário totalmente propício à constituição e fortalecimento do *agribusiness* no Brasil, posteriormente chamado de agronegócio:

> a modernização definitiva da agricultura, mediante seu funcionamento em bases totalmente empresariais e, sobretudo, internacionalizadas, a despeito de vestidas do discurso pró-igualitarismo (Mendonça, 2005, p. 18).

A nova fase da agricultura integraria todas as atividades econômicas a ela vinculadas direta e/ou indiretamente.

Anos 1990: a consolidação do agronegócio

Segundo Leite e Medeiros, o termo agronegócio referencia-se no *agribusiness,* conceito que havia sido utilizado pela primeira vez nos anos de 1950 nos Estados Unidos pelos professores John Davis e Ray Goldberg para designar as relações econômicas entre o setor agropecuário e os setores industrial, comercial e de serviços. Este termo, originário da área de administração e *marketing,* vem se consolidando ao longo destes anos em especial pelo papel da mídia e da academia. Mas mais do que uma mera tradução, essa mudança para do uso do termo agronegócio:

corresponde a importantes processos sociais e políticos que resultaram de um esforço consciente para reposicionar o lugar da agropecuária e investir em novas formas de produção do reconhecimento de sua importância (Leite; Medeiros, 2012, p. 85).

De forma breve, o agronegócio pode ser descrito como

uma nova forma de territorialização do capital no campo, forjada num contexto de políticas neoliberais e de intensificação dos processos de concentração e centralização do capital em múltiplas escalas, especialmente mundial (Campos; Campos, 2007).

No Brasil, o conceito se refere a dinâmicas e processos bem heterogêneos e multifacetados, com diferenças setoriais e regionais, entre outras, mas ao mesmo tempo de bastante homogeneização e imposição de regras e padrões internacionais.

Caracteriza-se fundamentalmente pela integração das cadeias produtivas que organizam a produção e circulação de mercadorias de origem agrícola em larga escala, comandadas por grandes empresas transnacionais que controlam os territórios. Tudo isso associado a um forte pacote tecnológico que inclui desde grandes máquinas agrícolas, pesquisa científica em áreas como genética e biotecnologia, o uso intensivo de venenos e fertilizantes químicos, sistemas de transportes, além de um forte processo de financeirização da agricultura (Campos; Campos, 2007). Representa, quase sempre, uma aliança de classe que associa latifundiários, empresas transnacionais, capital financeiro e mídia burguesa, com forte suporte da ação do Estado.

Embora para a maioria da sociedade, em especial urbana, o agronegócio apareça ainda como um fenômeno relativamente novo, suas raízes, pode-se afirmar, estão lançadas desde o sistema *plantation* que predominou na agricultura no período Brasil-colônia e, mais recentemente, durante o período da "modernização conservadora" dos anos 1960/70.

Nos anos 1990, esse processo ganha força no país com a criação da Associação Brasileira de Agribusiness (Abag), em 1993, que surge já com o desafio de elevar a "nova" agricultura brasileira ao estatuto de atividade econômica principal. A Abag tem 84 associadas, tendo incorporado algumas das mais tradicionais agremiações patronais agrícolas, tais como a SRB, a SNA e a OCB. A grande maioria das associadas são grupos empresariais, muitos deles estrangeiros, como Agroceres, Abrasem, Cargill Agrícola S/A, Bunge Alimentos S/A e Monsanto.

É justamente neste período, sob influência e diretrizes do Banco Mundial,[3] que ganha força a chamada Reforma Agrária de Mercado, por alguns apelidada de contrarreforma agrária (Pacheco, 2002), pela supremacia do caráter mercantilista do processo de distribuição de terras, e o chamado Novo Mundo Rural,[4] considerado por vários intelectuais defensores do agronegócio como um divisor de águas na história rural do país, que projetou a hegemonia atual de modernização e de "dominação triunfal do capital" na agricultura (Teixeira, 2013, p. 15).

> Com efeito, esse programa alardeou uma nova concepção de desenvolvimento rural, com base numa visão territorial e não setorial, preconizando os vários sentidos do rural como espaço produtivo, espaço de residência, espaço de serviços (inclusive de lazer e turismo) e espaço patrimonial (valorizado pela preservação dos recursos naturais e culturais). Mas o *novo*, que de fato é o *velho*, nesse programa é sua lógica de mercado. A agricultura familiar é definida como agronegócio (Pacheco, 2002, grifos do autor).

---

[3] Não só para o Brasil, mas para todas as áreas rurais da América Latina e Caribe, como parte dos programas de alívio à pobreza.

[4] O programa Novo Mundo Rural foi lançado em 1999 pelo governo de Fernando Henrique Cardoso tendo como base o seguinte documento: BRASIL. Instituto Nacional de Colonização e Reforma Agrária. *Agricultura familiar, Reforma Agrária e Desenvolvimento local para um novo mundo rural* – Política de desenvolvimento rural com base na expansão da agricultura familiar e sua inserção no mercado. Brasília, março de 1999.

Esse "Novo Mundo Rural" vai consolidar as políticas públicas de Estado para a agricultura. Elas passam a ser focalizadas por faixa de renda e, com isso, vão promover uma "seleção" dos agricultores: muitos não conseguem se manter e passam a engrossar as fileiras do êxodo rural, uma parcela passa a viver no campo sustentada pelos parcos rendimentos de aposentadoria de algum membro da família, ou mesmo, já nos governos Lula, por políticas públicas compensatórias como o Bolsa Família, e os que "sobrevivem" são organizados em agronegócio e agricultura familiar, sendo que estes últimos seriam integrados ao primeiro.

O "Novo Mundo Rural" apresentado à época como "a solução mágica para todos os males do campo, prometendo erradicar a pobreza, redistribuir a renda e a terra, bem como implementar o desenvolvimento local e regional" (Parente, 2007), no fundo tinha como um de seus objetivos desarticular a ação dos agricultores familiares e dos trabalhadores rurais sem terra, reforçando ainda mais o modelo hegemônico no campo. Como nos refere Teixeira (2013, p.14), mesmo

> as políticas públicas inclusivas, de fomento produtivo para a agricultura familiar passaram a ser funcionais ao projeto hegemônico, cuja consequência estrutural tem sido a gradativa perda de elementos que configuram a economia de base camponesa.

Na essência, tanto as políticas voltadas para a agricultura empresarial quanto para a agricultura familiar estão direcionadas para o fortalecimento do modelo do agronegócio.[5]

---

[5] Quando analisamos os valores do crédito para o meio rural podemos ver como o Estado cumpre um papel fundamental de sustentação deste setor: o Plano Agrícola e Pecuário 2014/2015 (Brasil, 2014b, p. 02) destinou para o agronegócio R$ 156,1 bilhões em financiamento rural, ao passo que apenas R$ 24,1 bilhões foram destinados para a agricultura familiar no Plano Safra 2014/2015 – Crédito Pronaf (Brasil, 2014a), quase sete vezes mais.

Outro elemento que veio nesse momento contribuir para essa "integração" do campo foi a expansão do consumo e o progressivo aumento da presença da indústria cultural, em especial via TV. Durante o século passado, a televisão tinha uma inserção reduzida no meio rural. Em muitas regiões, a energia elétrica chegou apenas após 2003 com o programa Luz para Todos do governo federal. Em geral, de toda a programação, apenas alguns poucos programas eram assistidos, em especial a novela e o jornal nacional, e de forma mais coletiva. O grande meio de comunicação rural até à data era o rádio, que ainda hoje é muito usado.

Em 2005, Santos – assentado da reforma agrária no estado do Mato Grosso do Sul e militante do MST – realizou uma pesquisa no assentamento Conquista na Fronteira, município de Ponta Porã/MS, sobre a chegada do Programa Luz para Todos, e constatou que esta veio acompanhada dos caminhões das "Casas Bahia",[6] que traziam consigo as televisões a crédito, e todo um conjunto de eletrodomésticos. Estes, embora tenham proporcionado mais conforto às famílias, "possibilitando a estruturação para melhor desenvolvimento da produção e consequentemente aumento da renda familiar", levaram segundo Santos (2005) a um aumento do endividamento das famílias e da evasão escolar – o banco da escola foi trocado pelo sofá.

A televisão passa agora a ocupar um espaço permanente nas casas do meio rural. Estava completa a integração nacional que havia começado nos anos 1960, mas havia deixado de fora os rincões do Brasil. O meio rural passa a conhecer esse país da TV, a ser exposto à publicidade das imagens (em muitas casas o acesso seja ainda via antena parabólica que está sujeita a regras diferentes e por isso exibe bem menos comerciais), e embora de

---

[6] Rede popular de varejo de móveis e eletrodomésticos presente em todo o Brasil.

forma muitas vezes deturpada, passa também a conhecer alguns dos problemas sociais que assolam o país e algumas resistências e enfrentamentos ao modelo dominante.

A partir do final dos 2000, o agronegócio se expande fortemente. O setor se internacionaliza cada vez mais, com a injeção de capital internacional e também com a crescente compra de terras por estrangeiros, mesmo com uma legislação proibitiva. Investe na verticalização com o monopólico das cadeias produtivas pelas empresas desde a produção de sementes e controle da tecnologia à comercialização dos produtos e busca a permanente abertura de novas fronteiras agrícolas, em especial no Centro-Oeste e Amazônia como forma de consolidar grandes extensões de terra, seja para monocultivo, seja para especulação.

As quatrocentas maiores empresas do Agronegócio brasileiro faturaram 198 bilhões de dólares em 2014, 4% mais do que em 2013, e lucraram 35 bilhões de dólares – alta de 35% (Vaz, 2015). Quando olhamos os dados referentes a este modelo agrícola, algo que chama a atenção e é revelador do seu caráter concentrador, é o fato de 85% de toda exportação agrícola ser controlada por cerca de cinquenta empresas. Dentre as maiores, em 2014, segundo a *Revista Dinheiro Rural* (As 500 Maiores..., 2016, p. 116-134), podemos destacar: JBS, BRF e Marfrig, no setor de carnes; Bunge, Cargill, Bayer, Basf e Syngenta, na área de adubos e defensivos agrícolas;[7] Louis Dreyfus, Amaggi, Cargill e Coamo, na produção de grãos, algodão e óleos; Copersucar, Cosan (agora fusionada com a Shell), Raízen, Coamo, na indústria de álcool; Suzano, Fibria e Klabin, no setor de celulose e papel; entre outras.

---

[7] Como a tabela da *Revista Dinheiro Rural* é organizada a partir das informações divulgadas pelas próprias empresas, algumas não aparecem por não serem obrigadas a fornecer os dados, como é o caso da Monsanto.

Do ponto de vista da distribuição geográfica, um estudo do Instituto Brasileiro de Geografia e Estatística (IBGE), divulgado pela Agência Brasil (Platonow, 2012), mostrou que também há concentração, ou seja, seis Estados são responsáveis por 60% das riquezas geradas pela agropecuária brasileira. São eles, em ordem decrescente de contribuição ao Produto Interno Bruto (PIB), Minas Gerais, São Paulo, Rio Grande do Sul, Paraná, Goiás e Mato Grosso.

Do ponto de vista das culturas, o setor se dedica cada vez mais aos monocultivos, ocupando 85% da área cultivada com plantações de grãos, em especial soja/milho e cana, e com agropecuária.

Segundo Mário Mengarelli da FAO (Organização das Nações Unidas para a Alimentação e Agricultura), a

> América Latina, especialmente o Brasil, segue sendo um importante centro de crescimento da produção agrícola e espera-se que, junto com o Leste europeu, seja um dos importantes provedores dos mercados agrícolas na próxima década (Fao..., 2013).

O papel de provedor de *commodities*[8] agrícolas e de outros produtos provenientes do campo para exportação, em especial para a China, continua a ser o lugar reservado ao Brasil na organização mundial do capital. Esse espaço mantém sua condição periférica e colonial de matriz agroexportadora, com economia em crescente processo de desindustrialização.

Nos anos mais recentes, ao discurso de produtor de alimentos agregou a sua condição de produtor de energias renováveis e limpas. Segundo Luiz Carlos Corrêa Carvalho, Presidente da Abag:

---

[8] *Commodities* agrícolas são os produtos agropecuários exportados por uma nação, *in bruto* ou com beneficiamento inicial como, por exemplo, o café, a soja etc. e negociadas nas bolsas de mercadorias.

O agronegócio brasileiro tem pela frente enormes desafios. Além de sustentar a posição, já consolidada, de importante produtor mundial de alimentos, precisa também liderar o fornecimento de combustíveis renováveis, área na qual igualmente tornou-se referência mundial. Resumindo: se já é o chamado 'celeiro' do mundo, o Brasil agora tem de ser também a sua 'usina' de energia [...]. Para o Brasil e para o agronegócio em particular, soma-se aos desafios, o atual cenário global de instabilidade na oferta de alimentos e de fontes renováveis de energia. Deve-se realçar as suas excelentes oportunidades para se projetar como grande fornecedor mundial nas duas áreas. Resta verificar a convicção existente no governo e na sociedade brasileira para seguir nessa direção (Carvalho, 2012).

A parte final deste trecho do texto "Geopolítica do alimento e da energia", uma apresentação-convite para o 11º Congresso Brasileiro do Agronegócio de 2012, que teve como tema "Brasil – Alimentos e Energias – Seguranças Globais", parece sugerir uma participação ativa, além da esfera governamental, da sociedade brasileira na determinação das políticas econômicas, dos investimentos na produção e mesmo na política energética. Mas o texto continua já dando uma resposta que indica não apenas a certeza no caminho a seguir, como a necessidade de convencer a sociedade de que esse é o melhor caminho. Prossegue Carvalho (2012),

Nós, da cadeia do agronegócio, entendemos que será possível o País assumir esse papel de principal provedor mundial de alimentos, que já somos, juntamente com a responsabilidade de abastecer o mundo com tecnologia, *know how* e produtos voltados à energia renovável e sustentável. Temos as condições naturais, por meio de terras agriculturáveis e clima adequado, assim como as condições técnicas, na forma de meios produtivos, para levar adiante essa jornada. Com o domínio da agricultura tropical, nos valorizamos imensamente. Cabe aqui o questionamento do desejo nacional em relação a sua matriz energética. Devemos desenvolver e estimular a cadeia produtiva do agronegócio brasileiro, de forma a crescer e agregar valor com biotecnologia, logística, tecnologia de informação e outras ferramentas de inovação? Junto com o governo, as lideranças do setor precisam sensibilizar a sociedade nacional e internacional, na direção de se pensar nos meios de como produzir alimentos e energias sustentáveis para atender a crescente demanda global (Carvalho, 2012).

Ao se mostrar para a sociedade como a "salvação" para a crise energética e ambiental, como produtores de energia limpa e renovável, ocultam todos os impactos sociais e ambientais que tal opção significa. Ocultam que essa é uma solução para a própria crise do setor, proposta pelo setor e para servir aos interesses do setor. Buscam assim, não só controlar mais um elo importante do sistema que vai desde a pesquisa científica até à distribuição e consumo de mercadorias produzidas no campo, mas fundamentalmente ampliar a sua lucratividade.

Mas os dados referentes ao agronegócio também têm outro lado e as estatísticas – estas pouco divulgadas pela mídia e conhecidas quase que só pelos movimentos populares e alguns grupos ambientalistas – mostram os sérios efeitos nocivos provocados sobre o meio ambiente e sobre a vida da população. Seja a população do campo, diretamente afetada pelo desemprego, venenos, condições de trabalho precarizadas, entre outros, mas também da cidade, quando come os alimentos produzidos com elevadas quantidades de veneno ou sofre os efeitos das alterações climáticas provocadas pelo desmatamento, o esgotamento progressivo de reservas de água e outros ataques ao meio ambiente.[9]

É necessário, assim, ir além dos dados econômicos para entender esse projeto de hegemonia, que se diferencia do momento histórico anterior em boa medida pela construção ideológica que o cerca.

---

[9] Destaca-se aqui o importante papel de denúncia que tem tido a Campanha contra os agrotóxicos. Ver o *site* <http://www.contraosagrotoxicos.org/> e *Dossiê Abrasco* – Um alerta sobre os impactos dos agrotóxicos na saúde, disponível em: <www.abrasco.org.br/dossieagrotoxicos/wp-content/uploads/2013/10/DossieAbrasco_2015_web.pdf>.

O setor procura assumir o discurso de protagonista da lógica de progresso da classe dominante ocupante. Para que seja capaz de propagandear uma imagem positiva de suas ações de expropriação dos bens naturais e de degradação ambiental é necessário grande investimento na construção de uma imagem positiva, em especial via indústria publicitária, capaz de maquiar ou ofuscar a função real que ocupa como elemento estruturante da manutenção do país em condição permanente de atraso e subdesenvolvimento, se comparada à condição dos países do centro do sistema mundial.

COMO O AGRONEGÓCIO CONSTRÓI SUA HEGEMONIA

"Brasil se consolida como um dos maiores produtores e exportadores de alimentos do mundo" – essa é a propaganda feita pelo Ministério da Agricultura, Pecuária e Abastecimento do Brasil ao modelo do agronegócio em 2013. Segundo relatório desse mesmo Ministério,

> o resultado [da safra de 2013/2014] ratifica a posição do Brasil como protagonista mundial na produção e exportação de alimentos e confere ao país a primeira colocação no comércio internacional de café, açúcar, suco de laranja, carne bovina, carne de frango e soja em grãos (Brasil, 2013).

Esses dados, envoltos pela retórica oficial,[1] colocam o agronegócio como uma força hegemônica no campo brasileiro. Hegemonia essa que hoje precisa ser entendida a partir de um conjunto de mecanismos, uma vez que, como nos lembra Gruppi (1978, p. 3), se trata de:

---

[1] Tendenciosa no sentido em que oculta elementos importantes como a quantidade de subsídios que o governo destina a esse setor, sem os quais esses resultados seriam bem menos expressivos.

algo que opera não apenas sobre a estrutura econômica e sobre a organização política da sociedade, mas também sobre o modo de pensar, sobre as orientações ideológicas e inclusive sobre o modo de se conhecer.

Neste sentido Delgado caracteriza a economia do agronegócio como um grande pacto de poder ancorado numa construção hegemônica moderna, que

> apresenta simultaneamente um caráter de economia política, no sentido das alianças de classe social para captura do excedente econômico; política econômica explícita de Estado [...]; e projeto de hegemonia ideológica (2013, p. 61).

Para Delgado, essa hegemonia ideológica se daria a partir de cinco grandes elementos:

> Uma bancada ruralista ativa, com ousadia para construir leis casuísticas e desconstruir regras constitucionais; uma Associação de *Agrobusiness*, ativa para mover os aparatos de propaganda para ideologizar o agronegócio na percepção popular; um grupo de mídias – imprensa, rádio e TV nacionais e locais, sistematicamente identificado com formação ideológica explícita do agronegócio; uma burocracia (SNCR) ativa na expansão do crédito público (produtivo e comercial), acrescido de uma ação específica para expandir e centralizar capitais às cadeias do agronegócio (BNDES); uma operação passiva das instituições vinculadas à regulação fundiária (Incra, Ibama e Funai), desautorizadas a aplicar os princípios constitucionais da função social da propriedade e de demarcação e identificação e da terra indígena; uma forte cooptação de círculos acadêmicos impregnados pelo pensamento empirista e completamente avesso ao pensamento crítico (Delgado, 2013a, p. 61).

Ao longo do texto iremos abordar esses elementos, mas também acrescentar outros que se fazem cada vez mais presentes na fase atual de expansão do agronegócio. As empresas ampliam suas formas de produção de consenso em torno de suas imagens, buscando, a partir da produção cultural e artística, estar "mais próximas" das comunidades que fazem parte dos territórios onde estão implementadas, criando nelas uma percepção favorável às suas ações. Podemos constatar a dinâmica de territorialização da Indústria Cultural pelos espaços de atuação e expansão do agronegócio, evidenciando as articulações entre as grandes corporações transnacionais e os governos, não apenas nos espaços tradicionais de interlocução da questão agrária, mas em áreas como a Cultura e a Educação.

Em seguida, para facilitar a exposição – sabendo que não é possível separá-los na análise – abordaremos a construção de consenso a partir de elementos econômicos, políticos e ideológicos, nestes últimos dando destaque para a educação, a representação estética e o discurso do agronegócio na mídia e na ficção, e também a publicidade e o *marketing* cultural.

Sucesso econômico com forte intervenção estatal

No dia 14 de maio de 2015, entre várias outras matérias sobre a crise e a situação política nacional e internacional, uma reportagem no Jornal Nacional da Globo mostrava grandes plantações de grãos e o caminho até chegar aos navios, e anunciava:

> O único setor da economia brasileira com saldo positivo na balança comercial ainda espera a liberação dos recursos para a próxima safra. É uma dor de cabeça para os agricultores. Quase 60 milhões de hectares de lavoura de grãos espalhados pelo país. Devem ser colhidos mais de 200 milhões de toneladas com destaque para soja e para o milho. Quase 4,5% a mais que na safra anterior. A importância do agronegócio pode ser medida na balança comercial. No ano passado, ele teve um superávit de US$ de 80 bilhões. Enquanto os demais setores, entre eles a indústria, amargaram um déficit de US$ 84 bilhões.
>
> Mas o bom desempenho das lavouras não significa que tudo vai bem no campo. Os agricultores estão preocupados com o aumento do custo de produção para a próxima safra. Eles vão precisar de mais dinheiro para plantar e o governo ainda não anunciou quanto vai liberar em linhas de crédito para o custeio. (Agricultores..., 2015).

Esta matéria ilustra bem o discurso dominante em relação ao agronegócio: "único setor da economia brasileira com saldo positivo na balança comercial" e, mais à frente, "no ano passado, ele teve um superávit de US$ 80 bilhões. Enquanto os demais setores, entre eles a indústria, amargaram um déficit de US$ 84 bilhões". Apresentados dessa forma, esses dados parecem inquestionáveis: estamos diante de um setor com pujantes resultados econômicos.

Mas no final da própria matéria fica no ar, ainda que muito superficialmente, uma questão: vão precisar de mais dinheiro para manter os bons resultados e esperam que o anúncio dê daquela "ajudinha" do governo. Sauer (2010), num esclarecedor artigo intitulado "Dinheiro público para o Agronegócio", chama a atenção que essa contribuição do agronegócio para a economia brasileira, além dos custos ambientais e sociais que traz para o conjunto da sociedade brasileira, gera também uma série outros gastos públicos resultantes, por exemplo, da renegociação e perdão das dívidas, da ineficiência na cobrança de tributos territoriais, das renúncias fiscais e isenção de impostos. Neste quesito, um caso exemplar é a isenção no pagamento do imposto sobre circulação de mercadorias e serviços (ICMS) para exportação de *commodities* agrícolas e minerais – Lei Kandir –, ou ainda mesmo a isenção fiscal para realização de várias ações de "responsabilidade social e ambiental". Além disso, é possível listar a celebração de vários convênios entre diversos Ministérios e entidades do setor patronal.[2] Dinheiro

---

[2] Nos anos 2000, o Ministério da Agricultura, Pecuária e Abastecimento (MAPA) disponibilizou mais de R$ 40 milhões para entidades patronais na última década, como, por exemplo, para a Confederação Brasileira de Agricultura (CNA), a Sociedade Rural Brasileira (SRB), a Organização das Cooperativas Brasileiras (OCB) e o Serviço Nacional de Aprendizagem Rural (Senar), para a execução de atividades diversas como a organização de feiras agropecuárias, realização de pesquisas no meio rural, publicação de livros e revistas etc., mas acabam sendo usados para custear parte da máquina administrativa das entidades patronais (Sauer, 2010).

público que invariavelmente não é contabilizado na hora de divulgar os resultados do setor.[3]

Sauer (2010) continua apontando mais um artifício do discurso de sucesso:

> No afã de defender o atual modelo de desenvolvimento, é importante lembrar ainda que os dados da contribuição na balança comercial não são estratificados, ou seja, não há qualquer menção da contribuição da agricultura familiar na produção e na pauta de exportação. De acordo com dados do MAPA, o principal item de exportação é o complexo soja, responsável por quase 19% do total de exportações do setor. Mesmo sendo a cultura em que a agricultura familiar tem a menor participação, ela é responsável por 16% da produção nacional de soja, segundo dados do Censo Agropecuário de 2006, do Instituto Brasileiro de Geografia e Estatística (IBGE), contribuindo então para a pauta de exportação brasileira (Sauer, 2010).

Para Gudynas, o Brasil é um dos melhores exemplos de uma nova configuração em que "o Estado apoia empresas exportadoras com elevadas quantias de dinheiro e contribuiu para a transnacionalização de um pequeno grupo de grandes corporações" (Gudynas, 2012, p.136).

Um dos importantes mecanismos de apoio por parte do Estado é o papel que os principais bancos oficiais cumprem, em especial o Banco Nacional de Desenvolvimento Econômico e Social (BNDES), mas também outros como o Banco do Nordeste do Brasil (BNB) ou o Banco da Amazônia (BA), para citar alguns regionais; eles têm linhas de crédito, mantidas com fontes próprias, destinadas prioritariamente ao agronegócio (Sauer, 2010).

O BNDES tem sido um parceiro estratégico para muitas das empresas do agronegócio, impulsionando não apenas seu cresci-

---

[3] Ainda do ponto de vista dos recursos públicos federais, também há fontes e incentivos estaduais e municipais para financiar atividades deste setor, que em geral proporcionam isenção de ICMS e IPTU e ISS, respectivamente.

mento no Brasil, mas seu papel de atores econômicos e políticos na região. A JBS, por exemplo, controla o comércio exterior de carnes do Uruguai. Em 2008, o presidente Carlo Lovatelli abria o 13º Fórum da Abag saudando o papel do BNDES e o seu representante que faria uma palestra sobre a Conjuntura Econômica e o Agronegócio:

> No momento em que a crise impacta nas principais fontes de capital, o papel do BNDES é vital. Em 2007, seus desembolsos somaram R$ 70 bilhões e corresponderam a 26% dos empréstimos das empresas. No agronegócio, existem empresas exportadoras nacionais robustas e de qualidade, que podem encontrar formas de solução no próprio sistema bancário. Porém, o suporte do BNDES ajuda a minimizar a dificuldade de liquidez e viabilizar as companhias. O mesmo se sucede na área de biocombustíveis, carnes, grãos, fibras e de máquinas, equipamentos e insumos agrícolas. Acompanhamos as conversações do BNDES com instituições, como Banco Mundial, Banco Interamericano de Desenvolvimento (BID) e organizações de crédito na Alemanha e Japão, dentre outras. Além de felicitarmos e apoiarmos as iniciativas, torcemos para que o professor Luciano Coutinho nos traga informações de bons aportes de captações externas no próximo ano (Lovatelli, 2008).

Isto é, essas empresas não apenas "pressionam" o governo, mas seu crescimento é uma política de Estado, que corresponde ao papel que cabe ao Brasil na reestruturação produtiva mundial, de fornecedor de matérias-primas naturais e *commodities* agrícolas. Mas que, embora tenha um caráter de subalternidade, é vetor de expansão do capital na região (América Latina) e também na África.

Outra forma de transferência de recurso público que vale destacar é aquele que é feito por meio da Lei Federal de Incentivo à Cultura (n. 8.313), conhecida como Lei Rouanet, através do seu mecanismo de renúncia fiscal. O montante de recursos operado pela Lei chega a representar 80% do valor total que o governo aplica em cultura (Ministro..., 2015). No ano de 2015, por exemplo, foram investidos R$ 1,086 bilhão em 2.977 projetos culturais via renúncia fiscal[4] (Cultura..., 2016).

Por meio da Lei, empresas e pessoas físicas podem deduzir 100% do valor incentivado a projetos culturais até o limite de 4% e 6%, respectivamente, do Imposto de Renda devido. Ou seja, se trata de um investimento privado com dinheiro 100% público.

Augustin (2011, p. 16) chama a atenção de que as

> leis de incentivo, se entendidas como um subsídio à publicidade, contribuem com o aumento da velocidade de circulação do capital, aumentando a taxa de lucro.

Este é um dos motivos do interesse das empresas do agronegócio pelo mecanismo. Nos últimos anos elas perceberam que poderiam, sem custos, vincular a sua marca e imagem a atividades culturais de interesse para a sociedade, sejam elas destinadas a uma elite com poder econômico, ou a comunidades com pouco acesso a bens e equipamentos culturais.

Esta Lei existe desde 1991, mas a partir de pesquisas no sistema do Ministério da Cultura (Minc) que gerencia todos os dados dos projetos culturais apresentados (mesmo que não consigam o patrocínio), é possível verificar que o interesse do setor nesta área se deu fundamentalmente nos anos 2000. Algumas empresas do agronegócio aplicaram recursos ainda antes dessa data, como o caso da Monsanto que em 1996 destinou R$ 150.000,00 para a publicação de um livro sobre o Tuiuiú, ave típica do Pantanal, ou a Syngenta, que em 1998 também apoiou a publicação de livros.

O quadro abaixo sistematiza os dados referentes ao patrocínio das maiores empresas do agronegócio.[5] A *Revista* considera

---

[4] Foram apresentados 6.194 projetos via Lei Rouanet; destes, 5.407 foram aprovados para captação.

[5] De acordo com a classificação divulgada pela *Revista Dinheiro Rural*, na sua edição 132, dezembro de 2015.

no *ranking* todas as corporações e empresas que atuam nos diferentes ramos da cadeia do agronegócio. No Quadro 2, elas foram organizadas por ordem decrescente do valor incentivado via Lei Rouanet.

Quadro 2 – Valores aplicados via Lei Rouanet por algumas das principais empresas do agronegócio

Empresa	Valor aplicado via Lei Rouanet (em R$)	Período
Klabin S. A.	24.485.187,53	2000 a 2015
Raízen Combustíveis	24.183.477,00	1996-1999 e 2009-2015
Monsanto (Monsanto do Brasil e Monsanto do Nordeste)	16.201.424,25	1996 e 2004-2015
Sucocítrico Cutrale, Ltda.	13.295.594,58	2005 a 2015
Syngenta (Syngenta Proteção de Cultivos e Syngenta Seeds)	12.536.386,42	1998 e 2003-2015
Bunge (Bunge Fertilizantes e Bunge Alimentos)	11.808.954,94	2000-2015
Basf	10.878.320,58	2000 e 2004-2015
Máquinas Agrícolas Jacto S. A.	7.475.185,40	2002-2015
Iharabras S/A Indústrias Químicas	5.096.425,27	1997 e 2000-2015
Sadia, S. A.	3.912.880,00	1999 e 2004-2012
ADM do Brasil, Ltda.	3.451.116,11	2004 a 2014
JBS (JBS, JBS AVES e Banco JBS)	2.726.000,00	2009 e 2015
Votorantim Celulose e Papel*	2.490.765,68	1998-2006
Bayer S. A.	2.040.726,15	1996 a 2015
Cargill (Cargill Agrícola e Banco Cargill)	1.640.039,00	2004 e 2011-2015
BRF	1.054.500,00	2014-2015

Fonte: Elaboração da autora a partir de dados obtidos através do sistema SalicNet em nov. 2015. (Brasil, 2015).
* Cooperativa de Economia e Crédito Mútuo dos Funcionários da Cargill – CoopCargill.

Embora o Quadro 2 apresente apenas uma amostra das principais empresas, podemos tirar uma média de que num período aproximado de dez anos, elas tiveram um aporte do Estado para divulgação da sua imagem e da sua ideologia de aproximadamente 130 milhões de reais. Tal valor pode parecer pequeno se comparado ao lucro das empresas, mas se por outro lado compararmos com o valor que o programa Cultura Viva[6] do Ministério da Cultura teve num período semelhante, 2004-2012 (Brasil, 2012), aproximadamente 517 milhões, vemos que apenas algumas empresas do agronegócio determinam o que deve ser feito com cerca de 1/4 desse valor que atende todo o país e tem uma política de descentralizar as ações culturais.[7]

Detendo o olhar no caso da Monsanto, podemos observar que a empresa foi aumentando ao longo dos anos o seu apoio a projetos culturais, embora com variações.

Quadro 3 – Valores aplicados via Lei Rouanet pela transnacional Monsanto

Ano	Monsanto do Brasil	Monsanto do Nordeste	Total/ano
1996	150.000,00		150.000,00
2004	445.200,00		445.200,00
2005	990.190,00		990.190,00
2006	800.000,00		800.000,00
2007	2.200.000,00		2.200.000,00
2008	2.904.806,00	1.379.780,00	4.284.586,00
2009		1.311.000,00	1.311.000,00
2010	27.000,00	667.000,00	694.000,00
2011		550.000,00	550.000,00
2012	2.161.835,00		2.161.835,00
2013			
2014	382.820,00		382.820,00
2015	2.231.793,25		2.231.793,25
Total			16.201.424,25

Fonte: Elaboração da autora a partir de dados obtidos através do sistema SalicNet em nov. 2015 (Brasil, 2015).

---

[6] O Programa Cultura Viva foi criado em 2004 pela Secretaria da Cidadania e da Diversidade Cultural do Ministério da Cultura, com o objetivo de ampliar o acesso da população aos meios de produção, circulação e fruição cultural por meio do fomento e parceria com entidades/grupos/coletivos artísticos e de outros campos da expressão cultural. O programa tem como público prioritário os grupos, comunidades e populações com baixo reconhecimento de sua identidade cultural. Um dos carros-chefe do programa são os Pontos de Cultura, que reconheciam grupos com atuação cultural comprovada e os apoiavam através de diversas ações.

[7] Quando olhamos os dados gerais da Lei Rouanet essa desigualdade é impressionante: de 2004 a 2014 foram cerca de 10 bilhões destinados por empresas e pessoas físicas a projetos culturais via renúncia fiscal.

Ao longo desta década, pode-se dizer que, de modo geral, tem havido um aumento no "investimento" da empresa nesta área cultural. Os anos em que mais recursos foram aplicados via renúncia fiscal foram 2007, 2008, 2012 e 2015. Embora não seja fácil identificar os motivos que levaram a empresa a apoiar mais atividades num ano do que em outro, algumas pistas podem ser apontadas.

Em 2007, foi lançado o livro e documentário *O Mundo segundo a Monsanto*, da diretora francesa Marie-Monique Robin, que detalha como a empresa atua em vários países onde está presente para poder impor o seu jeito de produzir e de dominar os mercados. Ela mostra as contradições entre as propagandas e os estudos que a empresa faz, com estudos independentes que alertam para o perigo das plantas transgênicas e do uso de agrotóxicos. Certamente essa não foi uma boa propaganda para a empresa, que precisou mais do que nunca realizar ações simpáticas à sociedade na tentativa de limpar a sua imagem.

Além disso, aqui no Brasil em 2008, as mulheres do Movimento dos Trabalhadores Rurais Sem Terra (MST) voltaram a ocupar e destruir uma plantação experimental de milho transgênico como forma de denunciar a liberação de duas variedades de milho geneticamente modificado (Via..., 2008).

Em 2011, a Monsanto foi considerada a "pior empresa do mundo" a partir de uma pesquisa *online*, que mesmo não sendo muito representativa (cerca de 16 mil pessoas votaram), teve seu resultado bastante divulgado, o que pode explicar em parte o retorno na aposta nos patrocínios culturais. Em 2014, uma matéria do jornal *El País* trazia como manchete "Imagem ruim força Monsanto a mudar de estratégia", onde se comentava que depois de muito tempo sendo vista como uma empresa com má reputação, a Monsanto havia decidido se aproximar mais dos consumidores (Faus, 2014). Na matéria é possível ler uma declaração dos representantes da empresa:

'Nos últimos vinte anos, quase todas as nossas atividades de comunicação e educação têm sido focadas nos agricultores, e foram muito bem. Mas o erro que cometemos é que não nos esforçamos o suficiente no lado do consumidor. Pensamos que este era um trabalho da indústria de alimentos', admitiu o vice-presidente executivo e responsável tecnológico da Monsanto, Robert Fraley (Faus, 2014).

Aqui no Brasil, essa nova estratégia de comunicação passa pelo apoio e desenvolvimento de projetos culturais nas comunidades onde a empresa está territorializada, tema que será desenvolvido no capítulo "Cultura e arte legitimando o agronegócio".

Patronato rural e uma bancada ruralista ativa

Nos últimos anos, a classe dominante agrária se reorganizou e fortaleceu um novo segmento patronal rural, que atua, entre outras coisas, para fazer pressão sobre o governo e mesmo ditar as regras do jogo da política. Tem como uma das suas principais missões consolidar uma imagem positiva do agronegócio para a sociedade, ocultando suas contradições.

Dentre as entidades patronais rurais que têm na atualidade mais destaque e fortes relações com o poder político, encontramos a Associação Brasileira de Agronegócio (Abag) e a Confederação da Agricultura e Pecuária do Brasil (CNA)[8] que, apesar de mais antiga, ainda se mantém em cena, em especial pela visibilidade que sua principal porta-voz busca ter na sociedade. Trata-se da senadora da República Kátia Abreu, que vem transitando nos últimos anos por vários partidos e, agora, no Partido do Movimento Democrático Brasileiro (PMDB-TO). No início de 2015, a senadora assumiu o comando do Ministério da Agricultura e Pecuária do Brasil, apesar de várias pressões

---

[8] A CNA é formada por 27 federações agrícolas que por sua vez associam 2.300 sindicatos rurais (Sobre..., 2013).

contrárias à sua indicação,[9] reforçando a opção política do governo a favor do agronegócio em detrimento da reforma agrária e da agricultura familiar. Esse também foi o papel que cumpriu Roberto Rodrigues, ex-ministro da Agricultura (durante o primeiro mandato do governo Lula) e dirigente da OCB e Abag.

Além disso, a senadora Kátia Abreu tem canais diretos com as grandes empresas que monopolizam o setor privado de comunicação brasileiro.[10] Mesmo antes de se tornar ministra, e logo após tomar posse, prestou várias declarações polêmicas sobre a questão agrária. (Latifúndio..., 2015).

Do ponto de vista da representação política nos espaços de poder, cabe ainda salientar o peso da chamada Bancada Ruralista, maior bancada do Congresso, que em 2015 passou de 205 para 273 parlamentares comprometidos com a defesa dos interesses do agronegócio, muitos deles proprietários rurais e representantes de empresas na área da produção agrícola. A priorização do espaço do parlamento como luta política é uma das fortes estratégias do setor patronal rural, desde sempre, e com muito peso na atualidade. Isso fica muito visível quando olhamos o investimento feito por algumas empresas na campanha eleitoral. A título de exemplo, podemos citar o dado de que:

---

[9] Vários movimentos sociais como o MST e mesmo representantes do agronegócio como Grupo JBS fizeram pressão contra a indicação de Kátia Abreu para o Ministério da Agricultura e Pecuária do Brasil. Destacamos algumas matérias sobre o assunto: MST ocupa fazenda no RS contra possível nomeação de ministra. *G1*, Palmeira das Missões, 22 nov. 2014. Disponível em: <http://g1.globo.com/rs/rio-grande-do-sul/noticia/2014/11/mst-ocupa-fazenda-no-rs-contra-possivel-nomeacao-de-ministra.html>. Acesso em 12 jan. 2015; Maior doador da eleição faz *lobby* contra Kátia Abreu. *O Povo*, Fortaleza, 02 dez. 2014. Política. Disponível em: <http://www.opovo.com.br/app/politica/ae/2014/12/02/noticiaspoliticaae,3356587/maior-doador-da-eleicao-faz-lobby-contra-katia-abreu.shtml>. Acesso em: 12 jan. 2014.

[10] Kátia Abreu é colunista semanal da *Folha de S.Paulo*.

> nas eleições de 2014, o Grupo JBS, maior frigorífico do mundo, fez doações para 11 partidos, que elegeram 378 deputados federais e 24 dos 27 senadores (O ano..., 2015)

se tornando a maior financiadora de campanha dos parlamentares eleitos para o Congresso Nacional no pleito de 2014. Segundo informações divulgadas na internet, mais de 160 deputados eleitos receberam dinheiro do Grupo JBS, que desembolsou uma soma total próxima a R$ 60 milhões de reais (J&F..., 2014).

A bancada é responsável por importantes decisões no campo legislativo, buscando controlar todas as mudanças progressistas de legislação para o meio rural (Bruno, 2006), como pôde ser visto nas disputas políticas em torno do Código Florestal, da liberação de transgênicos e de agrotóxicos, entre outros, ou mesmo já neste novo mandato, com a proposta de privatização da Empresa Brasileira de Pesquisa Agropecuária (Embrapa).[11]

Neste ponto, é importante destacar também, pela sua simbologia, a criação do Projeto Agora que é definido na sua página de internet como

> a maior iniciativa de comunicação institucional do agronegócio brasileiro com o objetivo de integrar a cadeia produtiva da cana-de-açúcar em torno da divulgação da importância da agroenergia renovável (Projeto..., 2009).

Além de reunir as empresas e entidades que fazem parte da cadeia produtiva da cana-de-açúcar, como a União da Indústria da Cana-de-açúcar (Unica), o projeto tem o apoio de empresas multinacionais como Basf, Dedini, FMC, Monsanto, Syngenta

---

[11] Destacamos algumas matérias sobre o assunto: Movimento dos Trabalhadores Rurais Sem Terra, "Ruralistas e a senadora Kátia Abreu querem privatizar a Embrapa. Disponível em: <http://www.mst.org.br/2014/12/04/ruralistas-e-a-senadora-katia-abreu-querem-privatizar-a-embrapa.html>. Acesso em: 25 jan. 2015; SANTOS, Igor Felippe. O erro Kátia Abreu. Disponível em: <http://www.brasil247.com/pt/247/agro/163199/O-erro-K%C3%A1tia-Abreu.htm>. Acesso em: 25 jan. 2015.

e mesmo o Itaú Unibanco Holding. Seus principais objetivos são a "geração de conhecimento", a "disseminação de impactos sociais e ambientais positivos" e, fundamentalmente, a

> disponibilização e ampliação de esclarecimentos para a conscientização da opinião pública sobre as questões da indústria da cana-de--açúcar e a sustentabilidade (Projeto..., 2009).

Como eles próprios divulgam, o projeto atua em quatro áreas prioritárias, que podemos, de forma geral, designar como: projetos educacionais; relação com a imprensa; *lobby* no governo; e opinião pública em geral.

No caso do *lobby* político, desenvolvem uma campanha intitulada Movimento + Etanol, para conscientização de formadores de opinião sobre a importância do etanol. Também organizam atividades como, por exemplo, "O dia da verdade sobre a bioeletricidade", que foi realizada no dia 1º de abril de 2014, "dia da mentira", na Câmara Federal, em Brasília (DF). Tratou--se de um seminário promovido pela Frente Parlamentar pela Valorização do Setor Sucroenergético (Frente do Etanol) com apoio do Fórum Nacional do Setor Sucroenergético e da Comissão de Minas e Energia da Câmara em parceria com o Projeto Agora. Estiveram presentes parlamentares, empresários, associações do setor sucroenergético e representantes governamentais e foram definidas propostas para aumentar a participação efetiva da bioeletricidade produzida a partir do bagaço da cana-de-açúcar na matriz energética nacional (Jardim, 2014), uma vez que um dos argumentos usados sobre os motivos pelos quais o setor não se desenvolve mais é a "falta de visão" do governo, como fica expresso na nota de Elizabeth Farina, presidente da Unica,

> Essa opção é limpa, renovável e abundante, além de localizada perto dos principais centros de consumo do País. Com tudo isso jogando a favor, a bioeletricidade só evoluiu marginalmente por falta de ações governamentais que reconheçam os benefícios dessa forma de gerar

energia e viabilizem o crescimento da oferta (União da Indústria de Cana-de-açúcar, 2014).

Uma matéria da *Folha de S.Paulo* de 24 de abril de 2014 tem como título "crise deixa dez usinas paradas na atual safra de cana-de-açúcar", e entre outros dados aponta que, desde 2008, 56 usinas de açúcar e álcool pediram recuperação judicial mostrando o quanto a crise já vem se arrastando (Turtelli, 2014). Tudo isso no mesmo mês em que a bioeletricidade a partir do bagaço de cana é louvada em evento como um caminho "sustentável" para o problema energético brasileiro que sofre com a falta de chuvas. É a crise proporcionando a reorganização do setor.

Educação para o Agronegócio

Outro importante aparelho privado de hegemonia que vale destacar são as universidades e centros de pesquisa (públicas ou privadas), espaços onde o agronegócio tem apostado para difundir a sua ideologia promovendo programas de educação em todos os níveis, desde o básico até ao ensino tecnológico, de graduação e pós-graduação em agronegócio. Aqui, Bruno (2006, informação verbal)[12] ressalta que essa aposta não se restringe apenas aos tradicionais espaços acadêmicos como as centenárias Faculdades de Agronomia de Piracicaba, Viçosa, Pelotas, Rural Fluminense, mas se ampliou para outros centros modernos, como a Fundação Getúlio Vargas, que realizam pesquisas encomendadas e divulgam os "extraordinários" resultados do agronegócio entre o meio acadêmico e para a sociedade em geral em parceria com a grande mídia. Também cabe salientar a criação de grupos de estudo e laboratórios para desenvolver pesquisas

---

[12] Anotações da palestra da profa. Regina Bruno sobre "A natureza da classe dominante no campo brasileiro". 03 ago. 2006. Escola Nacional Florestan Fernandes, Guararema, SP.

em diferentes áreas do conhecimento, de acordo com seus interesses, muitos deles com recursos públicos.

Nessa dinâmica de adentrar nas comunidades, as empresas têm fortalecido a sua atuação na área social aumentando a sua presença na escola pública – obrigatória para milhares de jovens, em especial na área rural e nas cidades cujo entorno se caracteriza fundamentalmente pela produção agrícola. As condições precárias da infraestrutura das escolas públicas do campo de nível fundamental e médio, a escassez de recursos alocados para esses aparelhos, a carência de qualificação adequada do corpo docente e dos quadros diretivos tornam esse espaço um ponto vulnerável e aberto para a influência do *marketing* do setor. São diversas as ações dirigidas pelas empresas à comunidade escolar que apostam cada vez mais na *formação das novas gerações,* como é o caso da Cutrale, que doou cerca de 400 kits pedagógicos à Prefeitura de Araraquara no Dia do Livro.

> Para o diretor de Relações Trabalhistas da Cutrale, Carlos Otero, a solução de muitos problemas está em investir na Educação. [...]. 'Com a doação destes livros, a Cutrale está confiando na origem, na sementinha que ajudamos a crescer nas creches da cidade por meio deste também grandioso projeto que é o de fornecimento de suco na merenda' (Cutrale..., 2013b).

Além disso, as empresas produzem materiais didáticos e de apoio ao ensino nos quais divulgam sua visão de campo e de desenvolvimento do país, e onde falam, por exemplo, sobre o uso correto de agrotóxicos, como é o caso da Syngenta e da Bunge.

O projeto Agora também atua na área da educação, em especial com foco na produção de materiais didáticos, como cadernos para os professores, jogos educativos, além da promoção de concursos e desafios sobre algum tema relativo à produção de energia a partir da cana-de-açúcar. As principais mensagens transmitidas são as diferentes formas de geração de energia, destacando-se a produção de energia limpa e renovável, em especial a bioeletricidade. Em 2013, o projeto se chamou *Municípios Canavieiros – Bioeletricidade*, e estava destinado às escolas públicas de 8º e 9º anos do Ensino Fundamental em 105 municípios canavieiros de nove estados brasileiros, e atingiu, segundo o relatório divulgado, mais de 250 mil alunos num total aproximado de 1.400 escolas. Em 2012, o tema foi *Desafio Energia + Limpa*, em que um dos objetivos era que os participantes escrevessem uma carta dirigida à Presidenta da República do Brasil, sendo que as "melhores", e que mais enalteciam a importância do setor na produção de energia limpa, foram premiadas.

Quadro 4 – Principais projetos educacionais de algumas das entidades da classe patronal e das principais empresas do agronegócio no Brasil

Empresa/ Projeto	Objetivos/Principais ações	Abrangência/ Resultados	Executores Parceiros
Abag Agronegócio na Escola	Oferece cartilhas aos estudantes e um vídeo, que é utilizado nas aulas. Aborda temas como o surgimento da agricultura e sua modernização. Professores vão conhecer usinas e são capacitados. Concursos de redação.	Criado em 2001 135 mil alunos 8 mil professores	Abag – RP Secretarias Estaduais de Educação
CNA Agrinho	O programa Agrinho desenvolve projetos pedagógicos em diversas áreas nas escolas para contribuir com a criação de uma geração de cidadãos mais conscientes. O Senar capacita os professores e fornece material didático para a rede pública e particular.	Criado em 1995 56.472 turmas 1.477.406 alunos Criado pelo Faep/Senar-PR, hoje em vários Estados	SENAR Secretarias de Educação Rede particular de ensino

Unica Projeto Agora	Os principais objetivos são a "geração de conhecimento e conscientização sobre as questões da indústria da cana-de-açúcar e a sustentabilidade". Produção de materiais didáticos, como cadernos para os professores, jogos educativos; concursos e desafios.	Em 2013: 250 mil alunos 1.400 escolas 105 municípios	Empresas que compõem a Única, Editora Horizonte, Secretarias de Educação
Bunge Comunidade Educativa	Programa de voluntariado corporativo. Objetivo: estimular a leitura em escolas e espaços comunitários. Estruturação de espaços de leitura com doação de livros e formação de mediadores de leitura; acompanhamento dos trabalhos pelo Blog Semear Leitores e Facebook.	nove Estados: RS, SC, PR, SP, BA MG, PI, PE, MT 38 escolas 10.254 alunos 584 professores 321 voluntários	Fundação Bunge
Syngenta Escola no campo	Contribuir para o desenvolvimento sustentável das comunidades do campo. Os jovens são estimulados a transmitir o que aprendem para suas famílias e comunidade. Fornece capacitação aos professores e materiais didáticos sobre conservação ambiental; o papel das comunidades rurais; e erradicação do trabalho infantil.	Criado em 1991 Em 2013: 22.599 alunos 1.575 professores 518 escolas 118 voluntários 189 municípios 13 Estados Total: 420 mil alunos	Fundação Abrinq, Secretarias de Educação, Empresas locais de agronegócio (Cotrijui, Coocam etc.)
Dupont DuPont na Escola	Destina-se a filhos de produtores rurais. O objetivo é promover os conceitos de crescimento sustentável da atividade agrícola, cidadania, preservação e segurança na aplicação de defensivos agrícolas, usando esse público como propagador da mensagem. Produção de textos e trabalhos artísticos sobre boas práticas agrícolas. Prêmio com tema: Meu herói, o agricultor	Nos últimos seis anos cerca de 45 mil estudantes de 7 a 10 anos de 450 escolas de todo o Brasil	Secretarias de Educação, Empresas locais do agronegócio

| Grupo JBS

Escola
Germinare | Oferecer alta qualidade de ensino para jovens potenciais com o propósito de formar administradores de empresas e gestores de negócios, que serão os líderes do futuro. A escola é regular e oferece, sem custo, Ensino Fundamental II e Ensino Médio. Busca conjugar a excelência acadêmica com uma preparação que coloque os jovens diante dos problemas reais. | Criada em 2009 Faz parte da J&F Investimentos: JBS, Vigor, Flora, Eldorado, Banco Original, Oklahoma e Floresta, Agropecuária e Canal Rural. 360 alunos | Instituto Germinare |

Fonte: Elaboração da autora a partir de informações das páginas da internet das empresas. Acesso: jun. 2014.

No Quadro 4, procuramos reunir informações resumidas dos principais programas de algumas das maiores empresas com atuação no Brasil. De modo geral, os exemplos evidenciam a complexidade e a extensão da abrangência desse tipo de projeto que, arriscaríamos dizer, chega a praticamente todo o país. Apesar de bem diversos, a maioria deles aposta na atuação no próprio meio rural, em especial nas localidades onde as empresas estão territorializadas ou em que a influência do agronegócio é grande, como é o caso do projeto "Agronegócio na Escola" da Abag-RP. Muitas empresas levam também seus projetos para a área urbana, fomentando o diálogo entre os mundos urbano e rural, em geral numa perspectiva de "dar a conhecer" o rural ao urbano.

Geralmente, a principal dinâmica dos programas é a produção e distribuição de materiais didáticos, acompanhada da formação de professores para que estes possam aplicar corretamente a cartilha em sala de aula, difundindo ideias e valores, ou seja, sua ideologia.

Do ponto de vista do conteúdo, esses materiais se dedicam quase sempre a exaltar o sucesso do modelo do agronegócio, trazendo versões simplistas e parciais dos processos históricos, relacionados ao tema da agricultura e a outros voltados para o meio ambiente. Os materiais acessados pela internet buscam, em geral, transmitir uma ideia do campo como espaço de produção e uma permanente preocupação com o meio ambiente e a saúde, mas ocultam as desigualdades, as relações de propriedade e de trabalho, os impactos devastadores desse modelo sobre os territórios e as populações, os processos de luta associados à questão da terra e as alternativas que já estão sendo construídas pelos trabalhadores e trabalhadoras.

Do ponto de vista da forma, é também revelador como esses materiais seguem um padrão estético hegemônico, em que é ressaltada a beleza das formas geométricas das monoculturas, sob um céu azul que parece adentrar em nós, transmitindo serenidade e harmonia, conforme a mensagem que querem passar de uma realidade harmônica e sem conflitos. E esses materiais são também diagramados com muitas cores, para chamar a atenção das crianças e jovens, num mundo cada vez mais mediado pelas imagens, com muita referência a ícones da era digital, conectando o leitor com o imaginário das redes sociais, do uso de *tablets* e celulares, numa investida para estimular o desejo de consumo destas mercadorias de última geração. Da mesma forma, a maioria dos kits distribuídos inclui também algum material audiovisual para ajudar o professor na transmissão dos conhecimentos de forma mais "atrativa e direta".

Por fim, entre os elementos que queremos destacar, está o fato de que todas essas atividades também servem como subsídios para a propaganda das empresas, uma vez que todas essas ações são comunicadas à sociedade através das mídias locais, regionais e mesmo nacionais e em várias páginas na internet e redes sociais, o que entre outras coisas dificulta a contestação dessas práticas, pois o todo da sociedade já tende a ter uma opinião favorável a elas, mesmo sem conhecer. Sempre são ressaltados os resultados positivos, se emulam os vencedores dos concursos com a publicação dos seus trabalhos, que mostram como a ideologia e os valores foram assimilados.

Imprensa e ficção: discurso e representação estética do sucesso do agronegócio

> A antiga percepção da agricultura como conservadora e retrógrada precisa ser superada com o reconhecimento do sucesso econômico e das transformações sociais que o setor propicia. Ações de comunicação de setores relacionados ao agronegócio devem aproveitar os pontos de percepção positiva da população sobre a atividade naquelas regiões onde isso ocorre, e superar visões críticas quando existirem. Existe um grande espaço para melhorar a compreensão da população sobre os desafios e as conquistas da agricultura e do agronegócio. O conceito de agricultura familiar não se contrapõe ao da agricultura comercial e do agronegócio. Ao contrário, o desenvolvimento de um incentiva o do outro. Novas formas de comunicação devem aumentar a conexão entre produtores e consumidores, fazendo com que a agricultura e o agronegócio deixem de vender *commodities*, e cada vez mais vendam marcas, serviços e valores embutidos nos produtos, inclusive através de denominações de origem (Consenso..., 2014, p. 31).

Esse pequeno, mas bem direto e esclarecedor trecho faz parte do documento Consenso do Agronegócio 2014,[13] resultado das discussões relativas à área de comunicação do agronegócio realizadas durante o Global Agribusiness Forum 2014. Consenso que representa a confluência de análise e o estabelecimento de planos de ação comuns para o setor a que chegaram os participantes,

> mais de 1.200 produtores rurais, autoridades e representantes de governos, pesquisadores e representantes da iniciativa privada de cada um dos elos da cadeia[14] (Consenso..., 2014, p. 33).

---

[13] No documento consta a seguinte observação: "A distribuição deste documento é direcionada a formuladores de políticas públicas, *experts* e todos os interessados em temas do agronegócio a nível mundial" (Consenso..., 2014, p. 30).

[14] Os elos da cadeia a que se referem são insumos, produção, transformação agroindustrial, comercialização, infraestrutura, logística, financiamento e demais serviços de apoio.

Mas também consenso no sentido da imagem do agronegócio que querem construir na sociedade, aproveitando "os pontos de percepção positiva da população", superando "visões críticas quando existirem" e buscando "reconhecimento do sucesso econômico e das transformações sociais que o setor propicia". Um *Consenso* que define a aposta do setor em dialogar diretamente com o senso comum da população, para consolidar seu projeto dominante e para alcançar o que Gramsci em seus *Cadernos* chama de "capacidade de direção sobre as demais classes" (cf. Coutinho, 1989). Isso, através de duas formas: como "domínio", por meio da coerção e repressão – seu poderio econômico e político; e também como "direção intelectual e moral", por meio do consentimento e aceitação das classes dominadas, por meio das ideias.

É a percepção de que ainda é preciso "melhorar a compreensão da população sobre os desafios e as conquistas da agricultura e do agronegócio" que tem levado a uma ofensiva do setor na área da comunicação e *marketing*.

> Possibilidades de comunicação e *marketing* ainda largamente inexploradas, aliadas à percepção positiva da população, podem motivar ações de setores relacionados ao agronegócio: bancos, indústria química, energia, máquinas e serviços legais. [...] O grande desafio é aproximar do cotidiano das pessoas fora do campo a atividade agropecuária, intensificando esforços para que se faça clara a relação existente entre alimentos e bens de consumo com o agronegócio. Segundo José Tejon Megido, da ESPM, a Agrossociedade é a nova fronteira do agronegócio, onde os muros que separam o campo da cidade não existirão mais – o agronegócio representado pelos ativos econômicos, financeiros e tecnológicos ao longo das cadeias de valor, e a agrossociedade pelos valores da nova sociedade e do capitalismo consciente. (Consenso..., 2014, p. 38).

Ressalta-se a necessidade de uma comunicação mais próxima com o público urbano, como concluiu uma pesquisa encomendada pela Abag, não só para apresentar o termo agronegócio, "mas que crie também consciência do tamanho da sua influência em segmentos próximos a este público" (Abag; ESPM, 2013).

Essa pesquisa sobre a percepção que a população urbana tem do agronegócio revelou que cerca de 40,4% dos entrevistados não sabia qual é a atividade do agronegócio, embora 83,8% tenham manifestado uma avaliação favorável dele. Podemos daqui deduzir, de certa forma, a importância do papel da mídia e dessa investida do setor em colocar o agronegócio como parte do imaginário coletivo dos brasileiros e brasileiras, se constituindo já como uma força hegemônica no campo e na sociedade brasileira. Mesmo que uma parte da população não saiba ao certo de que se trata, já tem um sentimento positivo em relação ao assunto. No entanto, a mesma pesquisa aponta as dificuldades do setor se fazer ver como os seus representantes querem – mais do que as atividades "dentro da porteira".

Continua sendo um desafio, então, a construção política e dos sentidos positivos da palavra "agronegócio", como destaca Bruno (2009). Através de exaustiva pesquisa, esta autora elencou alguns dos argumentos dessa construção, a saber:

i) O agronegócio como sinônimo de união, de sucesso e de geração de riqueza;

ii) O agronegócio como expressão da modernidade e de um novo modelo de desenvolvimento que atende os interesses e as necessidades de todos;

iii) A crença na ausência de alternativas históricas outras além do agronegócio;

iv) O princípio da valorização de si e desqualificação do outro;

v) E o imperativo de uma maior institucionalidade e da construção de novos espaços de representação, mediação de interesses (Bruno, 2009).

O agronegócio busca cada vez mais ganhar a cara da modernidade e não mais da "bota suja dos velhos latifundiários", lançando mão de múltiplas táticas no campo da comunicação e da cultura, investindo cada vez mais em milionárias campanhas midiáticas e diversas ações de *marketing* com abrangência desde o plano nacional até o âmbito das comunidades/consumidores. É a construção de uma nova imagem

> numa tentativa de ocultar o caráter concentrador, predador, expropriatório e excludente para dar relevância somente ao caráter produtivista, destacando o aumento da produção, da riqueza e das novas tecnologias (Fernandes; Molina, 2005).

JORNALISMO EM DEFESA DO AGRONEGÓCIO E DE SEUS INTERESSES

Quando nos referimos aos meios de comunicação, as táticas do agronegócio se estendem hoje a múltiplas áreas, desde o jornalismo impresso, TV e rádio, mas em especial ao meio televisivo, seja no telejornalismo, na ficção, nomeadamente as novelas, a publicidade e o *marketing*. Por um lado, mantendo uma aposta nos formatos mais tradicionais, mas, por outro lado, cada vez mais nos digitais, como as redes sociais, aplicativos de celular.

Cotidianamente vemos notícias, comentários, espaços de opinião, voltados para o mundo do agronegócio. São seções especiais dedicadas ao tema do agronegócio dentro dos grandes jornais impressos ou portais de internet, como no jornal *Valor Econômico* ou no *site* UOL; são revistas especializadas, desde as mais abrangentes como a *Globo Rural, Dinheiro Rural, Revista Produz, Revista Safra, AgroAnalysis,* mas também algumas bem específicas como, por exemplo, a *Revista Nacional da Carne, Cana Mix, Piauí Agribusiness*; sites informativos específicos, como o Portal do Agronegócio, Sistema Brasileiro do Agronegócio;[15] canais e programas de rádio voltados à temática como o CNA Brasil Rural, canais televisivos como o Canal Ru-

---

[15] Para mais informações sobre o Sistema Brasileiro de Agronegócio (SBA), acessar: <http://www.sba1.com/>.

ral, o Canal do Boi, entre muitos outros, e até mesmo em revistas de "celebridades".[16]

Em 2011, o jornalista João Castanho lançou o livro *A imprensa rural no Brasil*[17]. A página web da Revista Dinheiro Rural noticiou que o livro conta a:

> história da imprensa agrícola, da chegada dos portugueses ao continente americano aos dias atuais e como o País chegou a 40 programas de rádio, 35 de televisão e 300 publicações de revistas e jornais de agronegócio.

Segundo a matéria de divulgação, a revista *A Lavoura* seria o veículo de comunicação ligado à atividade agrícola há mais tempo em circulação no Brasil, desde 1887. É dado também destaque aos veículos das cooperativas agrícolas e de órgãos de extensão rural como Acarpa/Emater (PR), Acaresc/Epagri (SC) e Emater (RS).

No meio televisivo, o pioneirismo foi para "Campo e Lavoura", um programa da TV Gaúcha do grupo RBS, no ar desde 1975 e atualmente transmitido por 18 emissoras da rede na região. O Canal Rural, no ar desde 1996, teria surgido também no Rio Grande do Sul e hoje pertence ao grupo JBS, um dos maiores do agronegócio.

Além disso, nos noticiários gerais dos grandes meios de comunicação não especializados o tema é abordado com frequência. Embora a mensagem de prosperidade e elevada importância econômica do setor para o país esteja sempre presente, os discursos e enfoques de cada reportagem e matéria variam bastante.

---

[16] A *Revista Contigo* trazia matéria sobre Zezé Di Camargo sobre sua fazenda de criação de gado.

[17] A produção do livro foi financiada via Lei Rouanet, pela empresa Fosfertil que no mesmo ano foi adquirida pela Vale Fertilizantes e passou a ser essa a marca divulgada nas matérias. O valor do incentivo foi de R$ 190 mil reais para 2 mil exemplares, destes 1.040 exemplares seriam vendidos a R$ 80,00 e 260 a R$ 40,00 – os restantes correspondem a cota de patrocinador, divulgação e doações exigida pela Lei. Informações do Sistema SalicNet (Brasil, 2015)

O Jornal Nacional da TV Globo é um dos espaços onde o tema do agronegócio é pautado com grande visibilidade, pois tem alcance nacional e a maior audiência entre os telejornais. As matérias abordam ainda esse tema em questões da macroeconomia, onde em geral é possível identificar os vários elementos que Bruno (2009) identificou no discurso: o agronegócio é o modelo de agricultura dominante, onde agricultores e produtores rurais se "confundem", substituindo os velhos latifundiários (e mesmo as empresas que não aparecem diretamente); o agronegócio é "sinônimo de sucesso e geração de renda", não tendo por isso alternativa possível, pois "o produtor, ele não tem muita saída, ele precisa produzir, ele precisa comprar semente, ele precisa comprar o fertilizante" (Agricultores..., 2015), e precisa do apoio do governo.

No entanto, a divulgação no noticiário nacional não passa apenas por esses aspectos macro do agronegócio, mas tenta aproximar-se também do cotidiano das pessoas trazendo referências mais familiares. O Jornal Nacional do dia 02 de novembro de 2015 é um exemplo disso: no bloco final do noticiário, mesmo que não tenham sido apresentadas como destaque da edição, quatro matérias foram relacionadas com o agronegócio, embora em todo o noticiário essa palavra nunca tenha sido pronunciada. As matérias, na ordem, foram: produção de cacau no sul da Bahia; aumento da produção de seringa no interior de São Paulo; variação do preço do pão francês em São Paulo e Rio de Janeiro; e, por fim, a produção de rosas da Colômbia.

Neste caso, as matérias seguem a mesma linha de discurso, colocando a tônica em algumas ideias gerais: de que estas atividades agrícolas, que não aparecem explicitamente caracterizadas como agronegócio, embora o sejam, geram emprego, estão em pleno crescimento, tendo ganhos significativos de produtividade, são beneficiadas pela alta do dólar e pelos mercados internacionais, e estão gerando, além de riqueza, felicidade e alegria: "É um momento de alegria", "Está feliz? Com certeza, com certeza, feliz demais"[18] (Setor..., 2015).

Além do que é dito, muita coisa fica por dizer. Como já foi mencionado, os apoios estatais ao setor quase nunca aparecem; pouca ou nenhuma informação sobre as relações de trabalho ou as condições em que esse trabalho é feito, em geral consideradas muito boas[19] sendo que quase nunca o são; ou sequer menciona--se que a variação de preços dos alimentos está relacionado com a cotação das *commodities* na Bolsa de Valores de Chicago.

Seguindo a mesma lógica da publicidade, um elemento a destacar na matéria sobre a seringa é o seu fechamento com a celebração da transformação do trabalhador em consumidor. A reportagem, que também se centra na importância da geração de empregos, e na volta ao campo de pessoas que tinham saído para a cidade em busca da sobrevivência, apresenta o trabalho nos seringais como um emprego bem remunerado e termina com a notícia de que, com o salário, o marido da família "já conseguiu comprar o tão sonhado carro". Neste caso, o consumo sugerido de um carro é, além de um bem material, um facilitador do contato do meio rural com o urbano e traz consigo o selo de melhoria de vida e ascensão social, mesmo que apenas na esfera do simbólico, já que não deixam, por isso, de ser classe trabalhadora.[20]

Dessa forma, de um modo geral, poderíamos pensar que não estavam falando de agronegócio, pois a palavra nunca é citada e não se fala em grandes propriedades. E, ao mesmo tempo, é

---

[18] Resposta de Jackson Souza que está trabalhando na colheita da seringa.

[19] No caso da reportagem sobre a seringa, por exemplo, o trabalho é descrito como "cuidar" das árvores, mas omite que esse trabalho tem que ser feito na madrugada, implica caminhar longas distâncias e que em geral envolve toda a família, inclusive as crianças para dar conta da demanda, uma vez que o pagamento é proporcional à seringa colhida.

[20] Ver a respeito os estudos de Márcio Pochmann em *A Nova Classe Média?*, e *O Mito da Grande Classe Média – Capitalismo e Estrutura Social*, ambos da Editora Boitempo.

destacada a integração das atividades à floresta, há referência aos processos (ainda que básicos) de agroindustrialização, mesmo que as culturas estejam quase que exclusivamente integradas ao modelo de produção do agronegócio.

O fato do discurso nem sempre ser claro em relação aos elementos desse modelo de produção parece ser proposital, uma vez que, assim, é possível ir ressaltando os elementos positivos com características mais familiares, como por exemplo, ter um produtor rural falando (e não o dono de uma empresa, que muitas vezes nem se sabe quem é), ou mostrar essas culturas que aparentemente são menos danosas ao ambiente, como o cacau que ainda é produzido em convivência com a mata atlântica, ou a geração de emprego. Diferente, por exemplo, dos grandes monocultivos de grãos, que são extensas áreas de uma só cor e sem gente.

Em 2014, uma nova pesquisa realizada pela Abag, às vésperas das eleições presidenciais – O eleitor brasileiro e o Agronegócio – revela que, apesar dos esforços do setor, esse desconhecimento da população urbana sobre o conceito de agronegócio e as atividades que ele envolve leva muitas vezes a atribuir as atividades e resultados do agronegócio aos pequenos e médios produtores[21] (Tejon; Trujillo, 2014). Mas isso, no caso, não parece ser um problema para os representantes do agronegócio:

> O conceito de agricultura familiar não se contrapõe ao da agricultura comercial e do agronegócio. Ao contrário, o desenvolvimento de um incentiva o do outro. (Consenso..., 2014, p. 31).

O discurso busca assim ressaltar a integração dos dois modelos perante a sociedade, sendo que na prática o que existe é uma subordinação da agricultura familiar ao agronegócio.

---

[21] Segundo a pesquisa, 90% dos entrevistados considera que o pequeno agricultor é parte importante do agronegócio brasileiro.

As táticas usadas pelo jornalismo são várias, desde a escolha dos temas até a escolha da perspectiva sob a qual tratá-los, ou seja, qual o discurso possível e necessário a partir do filtro ideológico da própria emissora. E aqui vale a pena lembrar que a mídia hoje em dia não é apenas a grande reprodutora ideológica desse modelo, mas ela faz parte orgânica e oficialmente dele, um bom exemplo é o fato dos Grupo Estado e Grupo Globo, por exemplo, fazerem parte da Associação Brasileira de Agribusiness (Abag).

Além de pertencerem à Abag, a Globo e a Editora Globo fazem parte também da Associação Brasileira de Marketing Rural e Agronegócio (ABMR&A), juntamente com grandes corporações como Syngenta, Bayer Crop Science, Dow Agrosciences, Basf, empresas de máquinas agrícolas como John Deere e New Holland Agriculture, institutos de pesquisa e estudo como a Escola Superior de Propaganda e Marketing (ESPM) e a Escola Superior de Agricultura Luiz de Queiroz da Universidade de São Paulo (Esalq-USP) e um grande número de agências de comunicação, várias delas especializadas em comunicação para o agronegócio, como a Finco Agrocomunicação e o Grupo Publique – Soluções de Marketing em Agronegócio.

O telejornalismo usa assim de diversas técnicas para construir seu discurso simbólico, preferindo tratar de casos individuais, sem muitas vezes fazer as conexões com os grandes problemas e desafios do setor, manipulando e omitindo dados e informações, apresentando uma suposta conciliação de classe, ressaltando uma convivência harmoniosa entre patrões e trabalhadores, tudo isso bem colorido pelas belas plantações e "céus" azuis.

Também é frequente, além da defesa aberta do agronegócio, veicularem matérias onde o foco é a criminalização dos movimentos populares que lutam pela terra e por outro modelo de agricultura e de sociedade que se opõem ao modelo hegemônico. Além dessas matérias, é mais frequente ainda a simples omissão do trabalho e das propostas desses movimentos populares, o que também pode ser considerada uma forma de criminalização, pois já que não é visto, é como que se não existisse:

> na sociedade do espetáculo, toda imagem, mesmo a imagem jornalística, mesmo a informação mais essencial para a sociedade, tem o caráter de mercadoria, e todo acontecimento se reduz à dimensão do aparecimento (Kehl, 2004, p. 156).

Os Reis do Gado: o agronegócio das novelas

No campo da ficção, no Brasil, o grande destaque é para as novelas como um canal privilegiado para a constituição de um imaginário comum na sociedade. Por isso, a aposta em debater temas da conjuntura nacional, da realidade urbana, entre outros, quase sempre está presente. O mundo rural não é exceção, seja nas tramas mais históricas, seja nas mais atuais, pautando temas que dizem muitas vezes respeito ao modelo de desenvolvimento e projeto de país. A tática da inserção de propaganda ideológica na trama das novelas não é nova e tem se mostrado eficaz, pois ao aparecer de forma diluída acaba

> pegando os telespectadores no momento em que se encontram desarmados dos filtros críticos que possam ter ao assistirem aos telejornais (Villas Bôas, 2008, p. 2).

Um exemplo foi o caso de *A Favorita*, do chamado "horário nobre", onde era feita a defesa das empresas de celulose. Para Villas Bôas:

> Um dos focos de conflito da trama é a resistência que um personagem oferece para vender suas terras para a empresa [de celulose], que já comprara todas as terras ao redor de sua propriedade, pois pretende estender o monocultivo de eucalipto, visando ao fornecimento de madeira para a produção de papel. É um dos personagens mais estereotipados da trama, que 'vive no mundo da lua'. [...] Em *A favorita*, nenhum sujeito político coletivo, nenhum movimento social que se contrapõe com frequência, e de diversas formas, à prática predatória das empresas de celulose apare-

ceu. Pelo que sugere a trama, ser contra o progresso garantido pelo avanço da empresa seria, no mínimo, um ato romântico e idealista, ou 'coisa de louco'. A tática de combate por meio da ficção implica a supressão do ponto de vista das classes populares, por meio de seus movimentos organizados (Villas Bôas, 2008, p. 2).

Novamente, aqui os mecanismos são diversos: harmonização dos conflitos, estereótipos, invisibilização dos sujeitos coletivos e dos processos de luta estão entre os mais comuns.

O tema do "rural" entra assim na pauta da ficção também como um tema que pode atrair audiências (Nascimento, 2015). Cansado das novelas sobre a realidade urbana, cuja dureza já é vivida pela maioria da população no dia a dia, o público tende a preferir tramas que o remetam para um espaço para o qual ainda sonham poder um dia retornar, mesmo que apenas para descansar da loucura da vida citadina.[22] Mesmo tomado pelas grandes plantações, o campo das novelas sempre tem comida em cima do fogão a lenha, rede na área e ar puro que se acredita respirar através das memórias de um tempo passado próximo, mas distante, que era sofrido, mas que se acredita ter sido de muita felicidade. É ainda um sintoma de país que não há muito tempo deixou de ser um país agrário para se tornar um país com uma população vivendo maioritariamente nos centros urbanos.

Foi também um sucesso de público a reprise, mesmo sendo no horário da tarde, de *O Rei do Gado* (Stycer, 2015), novela "na qual a luta pela reforma agrária foi o mote do inverossímil enredo dramático que teve na trama um romance entre uma sem terra e um latifundiário" (Villas Bôas, 2008, p. 02). Quando foi exibida pela primeira vez em 1996, a novela também teve uma grande audiência e

---

[22] Ver a respeito artigo de Gislene Silva, UFSC, intitulado *O Imaginário Rural do Leitor Urbano*: o sonho mítico da casa no campo. Disponível em: <https://bjr.sbpjor.org.br/bjr/article/view/200/199>

por mais dramática e manipulada que fosse aquela trama, ela cumpriu o papel de divulgar amplamente a luta pela reforma agrária e os movimentos sociais que levantam essa bandeira, como o Movimento dos Trabalhadores Rurais Sem Terra (MST) (Villas Bôas, 2008, p. 02),

indo assim no sentido oposto à ideologia defendida pela emissora. Parece que, em 2015, dar novamente espaço para a bandeira da reforma agrária na ficção não constitui mais um problema. A emissora que, nos últimos anos, do ponto de vista jornalístico sistematicamente omite as ações dos movimentos populares, em especial do MST, parece ter querido deixar uma mensagem: de que a luta pela reforma agrária, mesmo que ainda "aqueça corações", é definitivamente coisa do passado, embora o campo seja coisa do presente. Qual campo?

Em setembro de 2015, a Globo anunciou que iria alterar a ordem das próximas novelas das 21h, deixando na espera *Sagrada Família*[23] de Maria Adelaide Amaral e Vincent Villari, e dando prioridade a *Velho Chico*, uma trama "rural" de Benedito Ruy Barbosa, mesmo autor de *O Rei do Gado*, em torno da transposição do Rio São Francisco, mas tendo como pano de fundo o amor impossível entre membros de duas famílias de fazendeiros rivais. Parece que a velha fórmula foi recuperada – inclusive o ator cotado para ser protagonista é Antônio Fagundes, o próprio Rei do Gado – na tentativa de voltar a trazer para o horário nobre uma audiência que as últimas novelas "urbanas" não conseguiram. Não deixam de ser curiosos os argumentos que circulam na mídia sobre o porquê da troca das novelas:

> [...] a Globo decidiu adiar a produção de *Sagrada Família* (nome provisório) [...]. Oficialmente, a novela perdeu a vez porque sua trama central gira em torno de uma família de políticos, e a emissora poderia ter problemas com as restrições da legislação brasileira durante a campanha eleitoral de 2016. Extraoficialmente, um outro motivo

---

[23] Exibida depois com o nome *A Lei do Amor*, entre outubro de 2016 e março de 2017.

para o adiamento de *Sagrada Família* foi a busca de tramas menos focadas na realidade nacional (Castro, 2015).

A mesma matéria conclui:

> Apesar de se basear em um Romeu e Julieta do campo, *Velho Chico* não será uma novela alienada da realidade nacional. A trama abordará questões ecológicas e econômicas, como a transposição do rio São Francisco, e terá confrontos entre jovens que lutam contra a poluição do rio e políticos corruptos. A trama central começará em 1968 e seguirá até os dias atuais, com um amor impossível entre a filha de um coronel e o filho de um capataz (Castro, 2015).

A novela começaria a ser exibida em março de 2016, tendo terminado em outubro, em meio às eleições municipais de 2016, sendo seguida então por essa outra novela que falava de política, quando já não havia restrições eleitorais. Segundo o diretor de dramaturgia diária da Globo, Sílvio de Abreu,

> A novela da Maria Adelaide é muito boa e traz uma trama política que poderia ficar prejudicada por causa das eleições do ano que vem. Como o Brasil tem uma legislação eleitoral muito rígida, a partir do início de junho teríamos que eliminar essa trama da novela, porque entraríamos no período em que não se pode falar de política (Ricco, 2015).

A Globo troca uma novela na qual falaria de políticos corruptos, provavelmente gravada em um grande centro, como Rio, São Paulo ou alguma outra capital, para ir para o Nordeste, região que tem o maior número de municípios comparando com as outras regiões. A trama da novela é deslocada para as pequenas cidades do interior onde mais (em quantidade) se estará dando a disputa eleitoral, fazendo a relação mais direta entre os problemas locais e sua resolução, ou não, pela política municipal.

Estamos diante de uma estratégia da rede Globo para influenciar as eleições. O nordeste é a região onde a Presidenta Dilma teve mais votos, e que desde 2002, tem sido fundamental para as vitórias do PT. Mas também é uma das regiões onde o agronegócio está apostando fortemente, em especial na nova região de fronteira agrícola, o Matopiba, que engloba parte dos Estados do Maranhão, Piauí, Tocantins e Bahia. O "Reino das Fazendas Corporativas", como denominou Xico Graziano (2013), é já o responsável por mais de 10% da produção nacional de soja, além de outras culturas para exportação como laranja, milho e algodão. A própria transposição do Rio São Francisco se insere em uma lógica de expansão do agronegócio na região, em especial as monoculturas extensivas que necessitam de muita água, como é o caso, por exemplo, da produção de frutas e de camarão, e também por isso tem sido alvo de muita polêmica.

Para não falar da relação histórica dos coronéis com a política local e nacional, parece que nada mais político do que uma novela rodada neste cenário e com uma trama como a que foi anunciada. Ainda assim, o autor prefere descrever a sua novela como uma história de amor que, no máximo, se permitirá abordar as mazelas sociais e o abandono das populações ribeirinhas,

> 'Com essa história, eu retomo uma discussão muito importante que é a relação do homem com a terra. E, nesse momento em que vemos tantos problemas com os nossos recursos naturais, acho importante abordar esse tema. Mas, antes de tudo, *Velho Chico* é uma história de amor. Cheia dos desencontros e paixões que movimentam todas as histórias de amor. Falaremos do amor dos ribeirinhos pelo São Francisco, seus encantamentos, sua beleza arrebatadora e comovente, mas também de suas mazelas sociais, seu abandono. É uma história que merece ser contada de mãos dadas com o Brasil real, suas fantasias, seus sonhos e uma imensa emoção. É nisso que eu acredito', explica Benedito (Velho..., 2015).

A questão da terra aparece aqui como pano de fundo, mas aparentemente numa versão romantizada, reforçando a imagem de um campo de sucesso e sem grandes contradições que o agronegócio tenta construir e que se sustenta através de uma

> espécie de ficção totalitária que articula jornalismo, entretenimento e publicidade numa mesma sequência ininterrupta de imagens (Kehl, 2004, p. 156).

CULTURA E ARTE
LEGITIMANDO O AGRONEGÓCIO

O investimento em amplos projetos de *marketing* tem sido muito grande, como é possível ver pelas milionárias campanhas publicitárias de grupos como a JBS, dono das marcas Friboi e Seara.[1] Essas empresas fazem da divulgação de seus produtos agrícolas e alimentares um grande espetáculo, com a presença de atores e outras figuras públicas televisivas, onde a comida aparece especialmente embalada como qualquer outra mercadoria, pronta para ser comprada e consumida. Buscam, assim, se projetar como grandes produtores de comida, "apesar de todos os estudos mostrarem que onde avança o agronegócio cai a oferta de alimentos para a população local" (Campos; Campos, 2007), e também se fortalecer, segundo Mendonça (2008), tendo como base as noções aparentemente incompatíveis de segu-

---

[1] Apenas a título de exemplo, indicamos a matéria: JBS espera elevar receita em 20% com publicidade de Roberto Carlos e Tony Ramos. *Folha de S.Paulo*, São Paulo, 21 fev. 2014. Disponível em: <http://www1.folha.uol.com.br/mercado/2014/02/1415794-jbs-espera-elevar-receita-em-20-com-publicidade-de-roberto-carlos-e-tony-ramos.shtml>. Acesso em: 27 jan. 2015.

rança alimentar e competitividade, mesmo num país com uma população "mal alimentada".

Mas estas campanhas de *marketing* buscam não só apresentar seus produtos como melhores que os das suas concorrentes, mas fundamentalmente oferecem mercadorias que a população deve desejar, criando novas necessidades. Apostam na padronização e organizam uma visão de mundo na qual o trabalhador/consumidor encontrará a felicidade via o consumo de mercadorias e imagens. Esta forma de atuação nos remete a Guy Debord, em *A sociedade do espetáculo*, para quem

> O espetáculo, compreendido na sua totalidade, é simultaneamente o resultado e o projeto do modo de produção existente. Ele não é um complemento ao mundo real, um adereço decorativo. É o coração da irrealidade da sociedade real. Sob todas as suas formas particulares de informação ou propaganda, publicidade ou consumo direto do entretenimento, o espetáculo constitui o *modelo* presente da vida socialmente dominante (Debord, 2003, p. 9).

Mais do que a propaganda de um modelo de agricultura ou dos seus produtos-mercadorias, o que podemos ver nestas peças publicitárias é a mercantilização total da vida, uma imagem de um mundo a ser desejado e consumido. Tudo isso tem como base a bem-sucedida parceria do agronegócio com a indústria cultural, aqui entendida a partir de Adorno e Horkheimer como "a expansão das relações mercantis pelo conjunto da vida social" e referindo-se "sobretudo ao emprego mercantil dos meios de comunicação, ao manejo das técnicas de *marketing* (promoção) e à padronização dos bens artísticos e intelectuais" (Rudiger, 202, p. 18 e 22).

Propaganda e publicidade das marcas, das imagens e do projeto

A campanha *Imagine* da Monsanto a que nos referimos na introdução foi uma das mais emblemáticas do início dos anos 2000.

O comercial foi alvo de grande polêmica e acabou sendo suspenso depois da apresentação de uma medida cautelar por parte do Ministério Público Federal (MPF) e do Instituto de Defesa do Consumidor (Idec) junto à Justiça Federal Cível de São Paulo.

> Na medida cautelar, as procuradoras e o Idec ressaltam que a propaganda não se refere a nenhum produto específico da Monsanto, mas que com uma 'poderosa e bem elaborada conjugação de imagens, som e texto, sugere um mundo ideal, em cuja construção a Monsanto participa, o que demonstra o caráter institucional da campanha'. Apesar de as propagandas não se referirem às sementes geneticamente modificadas produzidas pela Monsanto, é direcionada a um público genérico, calcada na frase: 'Imagine uma agricultura inovadora, que hoje já cria coisas incríveis'. [...] A oportunidade de veicular na campanha publicitária institucional da Monsanto um assunto atualíssimo e polêmico – como os transgênicos – traz grandes chances de que a propaganda atinja o público de nosso país que, fatalmente, associará a ideia de mundo melhor oferecido pela Monsanto às belíssimas imagens escolhidas pela agência de publicidade, embaladas pela interpretação única de Louis Armstrong em 'What a Wonderful World' – somada à frase iniciada repetidas vezes pelo vocábulo 'Imagine', escrevem as procuradoras na medida cautelar (MPF..., 2003)

Ainda argumentaram que, sendo a Monsanto uma empresa produtora de agrotóxicos, deveria seguir a legislação que determina a publicidade de agrotóxicos, fumo e medicamentos: só poderia ser veiculada em meios direcionados aos produtores rurais.

O Conselho Nacional de Autorregulamentação Publicitária (Conar) recebeu na mesma data uma denúncia de publicidade enganosa apresentada pelo Idec e vários outros consumidores que consideravam

> que a campanha encerra enganosidades e que a comercialização de produtos transgênicos era proibida no país à época da veiculação da campanha.

Segundo o resumo jurídico do caso que levou o nome de "Monsanto – Se você já pensou num mundo melhor, você já pensou em transgênicos", a empresa e a agência publicitária Fischer America defenderam-se,

> informando que as peças visavam esclarecer os consumidores sobre matéria obscurecida pela ideologia contrária à realidade dos fatos científicos e técnicos e os interesses nacionais (Brasil, 2004).

Apesar dessas "ideologias contrárias" – onde se pode ler principalmente a ação dos movimentos populares e ambientalistas[2] – e da decisão final do Conar de obrigar à alteração do comercial, a grande batalha estava ganha: em junho daquele ano de 2003, uma Medida Provisória autorizou a colheita da soja transgênica plantada ilegalmente, dando início no país a um processo progressivo de liberação de transgênicos para várias espécies: soja, milho, eucalipto, algodão e mesmo, em 2011, o feijão.

Os "interesses nacionais" foram salvaguardados, do ponto de vista da Monsanto: nos dez anos seguintes o país se tornou um dos maiores produtores e exportadores mundiais de soja transgênica e o lucro da Monsanto não parou de crescer. Em 2013, a Monsanto abriu a sua trigésima sexta unidade no país, um centro tecnológico em Petrolina (PE) e anunciou para 2015 o investimento de 150 milhões de dólares em pesquisa e desenvolvimento de sementes (Taguchi, 2014).

Tudo isto apesar de que, conforme nos alerta Marijane Lisboa:

> Nesses 10 anos, vemos que tudo aquilo que foi dito a favor dos transgênicos não se cumpriu. Dizia-se que, com a introdução dos transgênicos, usaríamos menos agrotóxicos. Mas a realidade é que o Brasil se tornou o maior consumidor de agrotóxicos do mundo, e isso muito em função do glifosato, utilizado na soja transgênica (Instituto Brasileiro de Defesa do Consumidor, 2013).

---

[2] Entre 1998 e 2003, uma decisão judicial obtida pelo Idec junto com o Greenpeace barrou a entrada de transgênicos no Brasil. A ação, contra a soja geneticamente modificada da Monsanto, a primeira a chegar ao país, pedia que o produto não fosse aprovado até que estudos comprovassem que não havia riscos para a saúde humana e para o meio ambiente (Instituto Brasileiro de Defesa do Consumidor, 2013).

Mesmo que várias outras publicidades da Monsanto tenham sido suspensas e a empresa tenha sido condenada a pagar multas com valores elevados, por publicidade enganosa ou desrespeito à legislação,[3] a empresa continua a produzir e veicular, em especial na internet, várias peças publicitárias, em que reafirma o papel da empresa, através das sementes transgênicas, em "ajudar" os agricultores a produzir de forma mais sustentável, usando menos agrotóxicos e trazendo benefícios para as refeições da população (Monsanto Brasil, 2015).

Essa ação "enganosa" da empresa não se limita apenas ao Brasil. Em outras partes do mundo, como é o caso da França, também certos casos de *marketing* foram considerados publicidade enganosa. Segundo Alexis Baden-Mayer, editor do *Organic Consumers Fund*,

> A Monsanto falsificou dados sobre segurança do Roundup e vendeu-o para departamentos municipais de parques e jardins e também a consumidores como sendo biodegradável e estando de acordo com o meio ambiente, promovendo seu uso em valetas, parques infantis, campos de golf, pátios de escolas, gramados e jardins privados (Baden-Mayer, 2015).

A empresa não deixou, no entanto, de ser alvo de grandes protestos ao redor do mundo e aqui no Brasil,[4] motivo provável pelo

---

[3] Sobre o tema, ver as seguintes matérias: Monsanto leva multa de R$ 1 mi por propaganda enganosa do Roundup. *In: Hora do povo*. Disponível em: <http://www.horadopovo.com.br/2004/julho/09-07-04/pag4a.htm>. Acesso em: 28 out. 2015; Monsanto deverá pagar R$ 500 mil por propaganda "enganosa". *In: Portal Terra*, 21 ago. 2012. Economia. Disponível em: <http://economia.terra.com.br/monsanto-devera-pagar-r-500-mil-por-propaganda-enganosa,e4584ab305c31410VgnCLD200000bbcceb0aRCRD.html>. Acesso em: 28 out. 2015.

[4] A respeito, ver: Mulheres da Via Campesina destroem plantação de milho transgênico. *G1*, São Paulo, 07 mar. 2008. Disponível em: <http://g1.globo.com/Noticias/SaoPaulo/0,,MUL341625-5605,00-MULHERES+DA+VIA+CAMPESINA+DESTROEM+PLANTACAO+DE+MILHO+TRANSGENICO.html>. Acesso em: 22 out. 2015; Junqueira, Caio. Greenpeace faz ato contra transgênicos em frente à Monsanto de Porto Alegre. *Folha de S.Paulo*, São Paulo, 28

qual hoje não se consegue mais obter os endereços das unidades da empresa no Brasil através do seu *site*, como era possível em 2013 e ainda acontece em relação a outros países (Monsanto, 2015).

Não são raros os casos de publicidade e *marketing* do agronegócio nos quais o que está em jogo não é a promoção direta de uma marca ou produto, mas de um conceito ou imagem a ser lembrada e incorporada pelas pessoas da maneira mais "natural" possível, ou mesmo um projeto de país.

Um dos casos mais emblemáticos foi o do *Movimento Sou Agro*[5] e de seus filmes publicitários, lançados em meados de 2011 e protagonizados por Lima Duarte e Giovanna Antonelli, atores 'globais', ressaltando a importância do agronegócio e a sua proximidade e indispensabilidade na vida de cada um. A campanha objetivava reposicionar a imagem do agro, dar a conhecer melhor o agronegócio, de modo a reduzir o "descompasso existente entre a realidade produtiva atual e as percepções equivocadas sobre o universo agrícola" (Campanha..., 2011). O que significa, segundo Bruno (2012, p. 5), "também ser 'valorizado', 'ter distinção', 'conquistar o reconhecimento'". Mas, como a autora conclui, esse esforço não correspondeu aos anseios, em especial, porque não conseguiu afastar a visão do agro como destruidor.

Seguindo a mesma lógica, logo no ano seguinte, em 2012, foi lançada a campanha da CNA denominada Time Agro Brasil, realizada até 2014. Seu objetivo era "consolidar a imagem do agronegócio sustentável brasileiro no País e no exterior" e

> divulgar as práticas sustentáveis adotadas pelos produtores rurais brasileiros, além de outras iniciativas que assegurem a boa qualidade do produto nacional.

---

jan. 2005. Poder. Disponível em: <http://www1.folha.uol.com.br/folha/brasil/ult96u66924.shtml>. Acesso em: 22 out. 2015.

[5] Sobre esta campanha é possível encontrar várias referências, de entre as quais destacamos o artigo de Regina Bruno (2012).

A grande estrela dessa campanha é o ex-jogador Edson Arantes do Nascimento, o Pelé (Pelé..., 2012), que além de comerciais, participou de várias festas do setor, entre as quais a de Ribeirão Preto, e foi fotografado ao lado da então presidenta da CNA, Kátia Abreu, e da Presidenta da República, Dilma Rousseff.

Nesse mesmo período, além das campanhas das entidades de classe, as empresas também decidem apostar em estratégias de *marketing*, mas almejando alguns objetivos mais diretos e imediatos. O Brasil vivia sob uma política que muitos analistas caracterizam como neodesenvolvimentista, com os governos Lula e Dilma adotando programas de crescimento da economia com aumento do gasto público e redistribuição de renda e, por consequência, estímulo ao consumo.[6]

Um gigantesco contingente de novos consumidores se formou e era necessário criar novas necessidades ou, nas palavras de Debord (2003), se trata da "substituição das primeiras necessidades para uma fabricação ininterrupta de pseudonecessidades para manutenção do capitalismo". Um excelente exemplo é o grupo JBS, segundo a gerente de *marketing* executiva, Maria Eugênia Rocha,

> A partir de decisões estratégicas e observando uma grande oportunidade de mercado, o grupo JBS decidiu, há pouco mais de dois anos, criar algo novo: desenvolver marca para o produto carne que antes era apenas uma *commodity*. Apostamos em publicidade para deixarmos o *status* de *commodity* para nos tornarmos uma marca conhecida (A Revolução..., 2015).

---

[6] Sobre o assunto, ver os artigos de Giovanni Alves no Blog da Boitempo, como: "Neodesenvolvimentismo e o estado neoliberal no Brasil" e "O mal-estar do neodesenvolvimentismo". Disponível em: <http://blogdaboitempo.com.br/2013/12/02/neodesenvolvimentismo-e-estado-neoliberal-no-brasil/>. Acesso em: 30 nov. 2015.

Essa declaração faz parte de uma entrevista da executiva à Revista Nacional da Carne cujo título é "A revolução foi televisionada", nome que faz alusão, embora com sentido inverso, ao título do filme "A revolução não será televisionada"[7] sobre o golpe de Estado na Venezuela em 2002 que, entre outras coisas, traça o perfil golpista das televisões daquele país. A revolução a que a entrevistada se refere seria no caso a revolução do consumo, o "golpe aplicado aos trabalhadores", este sim, com total apoio dos meios de comunicação hegemônicos:

> está completa a alienação do trabalhador na sua transformação em consumidor, de mercadorias e/ou de imagens, as quais contempla e se identifica – é a unificação da sociedade pelo consumo (Debord, 2003).

A JBS Foods é a maior empresa do ramo da agropecuária do Brasil e com um crescente processo de internacionalização, desde 2005, para países como Argentina, Austrália, Bélgica e Estados Unidos. Hoje é a líder global em processamento de aves.

A sua marca mais antiga é a Friboi, nome da empresa antes desta abrir seu capital na Bolsa, e por isso foi a escolhida para uma milionária campanha de *marketing* para "colocá-la na boca dos consumidores". Segundo Beto Rogoski, diretor de criação da Fischer and Friends, grupo publicitário internacional contratado para dar o pontapé inicial da campanha, "o desafio da JBS e da Friboi de construir pela primeira vez uma marca de carne. Carne que você vai chegar no açougue e pedir pela marca e não pelo corte" (Reclame..., 2012). A propósito, Haug comenta que

> [...] um meio para se obter uma posição quase monopolista é compor uma mercadoria como artigo de marca. Para isso empregam-se todos os meios estéticos existentes. Contudo, o decisivo é juntar todas as formas de comunicação pressupostas numa apresentação que utiliza

---

[7] Documentário de Donnacha O'Briain e Kim Bartley. 2003. Documentário (1h14m). Disponível em: <https://www.youtube.com/watch?v=MTui69j4XvQ>

meios estético-formais, visuais e linguísticos para caracterizar um nome (Haug, 1997, p. 37).

Assim, a campanha foi estruturada em vários passos, com foco nos comerciais televisivos, mas também em publicidade em outros meios como o jornalismo impresso, redes sociais, entre outros.

Segundo Alexandre Inácio, gerente de comunicação corporativa da JBS:

> A JBS iniciou, no final daquele ano [2011], uma campanha institucional para falar de sua origem e da preocupação que sempre norteou a companhia em relação à origem da matéria-prima utilizada. Em 2012, fizemos uma segunda rodada na campanha que teve por objetivo começar a colocar na cabeça das pessoas o hábito de pedir carne por marca. Para isso, fizemos uma campanha promocional, que as pessoas juntavam selos que vinham nos produtos Friboi e trocavam por miniaturas de astros sertanejos. Com esse aprendizado, renovamos a campanha em 2013, incluindo o ator Tony Ramos como o embaixador da marca Friboi, e obtivemos um retorno acima de nossas expectativas e a confirmação de que era possível colocar marca em carne bovina. Em 2014, estamos dando sequência a essa estratégia, incluindo também o cantor Roberto Carlos na campanha da Friboi e fechamos também um contrato com a jornalista Fátima Bernardes para a marca Seara (Demario, 2014).

O primeiro comercial intitulado "Vai, Zé" teve como mote contar

> a história da Friboi através da história da empresa, uma história absolutamente brasileira que tem uma história muito bonita e um compromisso com a qualidade no que faz desde o início.

Do ponto de vista do conteúdo, o comercial nos apresenta um personagem, "Zé Mineiro", em 1955 pensando alto: "é, o pessoal vai precisar de bastante carne por lá, eu vou para Brasília". Essa decisão é aclamada no momento presente [2011] pelos trabalhadores da fábrica na unidade de Lins (SP), pelos consumidores num supermercado onde a única coisa que se vê nas prateleiras são embalagens com carne da marca, e por um grupo de pessoas gritando em inglês "Go, Zé!" e tendo ao fundo hasteadas a bandeira do Brasil e dos Estados Unidos da América. O nome Friboi estava lançado. O próximo passo era colocar de forma mais permanente a marca na cabeça dos consumidores e gerar assim uma fidelidade a ela. Neste caso, foi adotada uma nova tática, a promoção da "troca dos miniastros": ao comprar qualquer produto Friboi, os consumidores receberiam um selo e, ao juntar 5 selos e pagar 5 reais, poderiam trocá-los por um miniastro da música sertaneja:

> Olá, eu sou o Victor, e eu sou o Léo. Eu, Zezé de Camargo, e eu o Luciano. Eu sou o Luan Santana. E eu sou o Pedrão, o Açougueiro.
> Pedrão: Se você quiser levar um destes artistas para casa tem que falar primeiro comigo. E aí? Quem é o astro agora? [pergunta para os cinco que fazem cara de incógnita].
> Voz off: Peça carne Friboi para o seu açougueiro. Cada produto vale um selo. Cinco selos mais cinco reais você troca por um miniastro nas bancas de jornal [Aparece em primeiro plano o esquema da promoção e os cinco bonecos de plástico que são cópia dos artistas]
> Victor pergunta para o Pedrão: cadê aquele meu filezinho Friboi?
> Pedrão: tá prontinho! [entrega o pacote com a carne e o selo na embalagem].
> Victor: Maravilha!
> Pedrão: quer autógrafo?
> Victor finge dar a mão e diz: Pô, assina aqui.
> Pedrão vai assinar e Victor olha com cara de bravo e vai dar um tapa na cara de Pedrão que se abaixa para não ser atingido.
> Victor: quê? me dá isso aqui! Os dois dão risada. Victor pega o pacote de carne e sai. (Reclame..., 2012).

Além dos comerciais, é possível encontrar no canal de vídeos Youtube um *making of* no qual os idealizadores e responsáveis pela empresa vão comentando sobre o processo de realização. Mario D'Andrea, da Agência de publicidade Fischer & Friends, revela que o tema foi escolhido através de várias pesquisas, porque:

a música brasileira, especialmente a categoria música sertaneja, tinha um histórico muito parecido com a marca. Talvez hoje a música sertaneja seja o sinal de maior sucesso e da importância que o campo brasileiro conseguiu.

Os artistas seriam os preferidos do público e que atingiriam "mais facilmente faixas etárias diferentes e momentos de vida diferentes também". Mas são também hoje em dia todos eles donos de fazendas, o que lhes confere uma "identidade natural" com o assunto a ser tratado.[8]

> As histórias que eles contam, dos lugares que eles tiveram que tocar até eles serem famosos, eles tocavam o mesmo tipo de música, eles não mudaram, a música é que estourou. Friboi é exatamente isso, o compromisso com a qualidade, o compromisso com a origem da carne que eles têm é a mesma que eles tinham no açougue no interior de Goiás (Reclame..., 2012).

Segundo os idealizadores, o foco principal dos comerciais é o açougueiro Pedrão porque "ele é o que materializa a qualidade Friboi" e é aquele com quem a identificação do público consumidor é mais próxima. Os artistas seriam aqueles que são desejados, e aos quais apenas é possível ter acesso em forma de boneco miniatura em troca dos selos e de um pagamento, ou seja, no fundo, se forem comprados. Eles chamam a atenção para o produto, garantem o "selo" de sucesso que tem a música sertaneja à marca de carne. Mas ao mesmo tempo apresentam a nova estrela do espetáculo, não o açougueiro, como somos levados a pensar pelo vídeo e pelo *making of*, mas a comida, no caso,

---

[8] A título de curiosidade destacamos a informação de que Zezé Di Camargo & Luciano foram os artistas que, logo depois da modelo Gisele Bündchen, mais apareceram em comerciais na TV no ano de 2015. Zezé apareceu num total de 7.292 inserções (um pouco a mais que seu irmão, cujo rosto foi exibido 7.091 vezes na TV aberta ao longo do ano). A dupla sertaneja estrelou comerciais para Marabraz, T4F Entretenimento, Grupo Embracon e Zaeli Alimentos. Em 2014, a dupla havia dividido a 10ª posição da lista do Controle da Concorrência (Sacchitiello, 2015).

a carne embalada, uma mercadoria como outra qualquer, pronta para ser consumida.

Como se trata ainda de um momento de consolidação da marca, a figura do açougueiro, pela proximidade no dia a dia dos consumidores, cumpre esse papel de garantir a confiabilidade do produto que está por trás da embalagem, mas ao mesmo tempo em que o faz, ele anuncia o seu fim. A carne já cortada e embalada dispensa o papel do trabalhador do açougue, a mercadoria pode estar agora disposta em prateleiras refrigeradas dos grandes supermercados onde impera o "pegue e leve". A relação passa a se dar diretamente entre o consumidor e a mercadoria, se perdendo cada vez mais esses vínculos entre o seu processo de produção e o seu valor de uso. O açougueiro que, no início do comercial, sugere ser tão ou mais importante que os astros da música ("Quem é o astro agora?"), agora é chacoteado por um desses (Victor), que sugere querer o seu autógrafo e depois se prepara para dar um tapa na cara do Pedrão, e sai com o pacote de carne dizendo "quê... me dá isso aqui!", deixando a entender que não tem tempo a perder com o açougueiro e o que lhe interessa é a mercadoria.

Curiosamente, ao mesmo tempo em que o mercado da carne, ao embalar e criar marca de carne e dispensar os intermediários no processo de venda, amplia suas formas de chegar ao público consumidor, aumentando as vendas, por outro lado, cria nichos de mercado, onde o diferencial é o atendimento personalizado dos clientes com elevado poder aquisitivo, que são as "boutiques de carne", que tentam imitar os velhos açougues. A classe trabalhadora é integrada ao consumo agora não apenas no plano imaginário, uma vez que seu poder de compra efetivamente aumentou, o que para muitos criou uma ilusão de pertença a uma nova classe social, mas novos mecanismos são criados para manter a diferenciação classista na sociedade. Todos estão comendo carne de marca, mas os mais ricos agora comem cortes especiais de carne que só nas lojas especializadas é possível encontrar, desde que desembolsem valores elevados de dinheiro.

A campanha da Friboi avançou, agora para a fase que eles chamam de criar fidelidade. E nesta etapa o grande garoto propaganda foi o ator global Tony Ramos:

> Dois amigos conversando: Churrasco aqui em casa, só com carne da melhor qualidade. Friboi, Dudu! Essa aqui é de confiança.
> Logo em seguida se abre uma parede da casa e por trás aparece Tony Ramos que fala para os dois amigos: É isso aí, rapaz, vai na confiança! Faz um movimento para que orientemos nossa atenção para a indústria de processamento de carne que está por trás dele, espaço branco, onde todos os funcionários estão com roupas brancas, touca, luvas azuis.
> Novamente primeiro plano de uma funcionária pesando um pedaço de carne: Aqui o controle de qualidade é rigoroso; outra funcionária num laboratório com um microscópio na frente: todos os dias são feitos mais de 50 testes nos produtos, outro trabalhador: seguimos uma ficha técnica que destaca cada etapa da produção.
> Tony Ramos: E aí? Pergunta para os amigos que estão na cozinha preparando a carne. Um deles em êxtase: Rapaz, tem que ser Friboi! Aparece na tela a palavra CONFIANÇA, com o F na mesma grafia de Friboi. O outro amigo: Pode crer!
> Primeiro plano: um pedaço de carne assada bem suculento sendo cortado por uma faca, imagem de Tony Ramos com um prato de carne com batata na frente e o letreiro é Friboi. Fala enfático: Friboi: carne confiável tem nome! (Reclame..., 2014).

O esquema é sempre muito parecido, o comercial começa com uma pessoa em situação de consumo que fica em dúvida sobre qual carne levar e quando o assunto confiança vem à tona as paredes do estabelecimento se abrem como se eles estivessem assistindo TV ou um espetáculo em que se abre a cortina. E por trás da parede está o Tony Ramos que aparece como se estivesse na fábrica da Friboi e convida as pessoas para irem conhecer o local.

É como se de um truque de magia se tratasse, mas o próprio *making of* mais à frente revela qual a técnica audiovisual pela qual a *magia* acontece. O efeito se chama *chroma key*[9] e permite que se filme uma pessoa num estúdio e depois por meio da edição ela seja "alocada" em qualquer ambiente que se queira. O ator global fala da sua experiência:

> Entro na jogada, mas tenho que entrar com espírito que eu sempre pedi que fosse assim, o espírito de um homem que naturalmente come carne a vida inteira, sempre comeu, eu faço esta propaganda, mas faço uma publicidade consciente do que eu estou fazendo, tentando entender como é feito esse produto que eu estou anunciando (Reclame..., 2014).

No caso, Tony Ramos gravou num estúdio, mas no comercial parece que ele está dentro da fábrica da Friboi, mesmo que possivelmente nunca lá tenha estado. Esse vídeo é fácil de encontrar, basta digitar "comercial Friboi Tony Ramos" na plataforma de vídeos Youtube. Assim podemos perceber que a empresa não tem interesse em manter segredo de como o comercial é feito, porque isso não importa mais. As pessoas em geral sabem que Tony Ramos nunca foi à fábrica (ou, pelo menos, não para gravar o comercial), ele apenas faz o seu papel como nas novelas. É o fato de quererem se inserir num padrão de consumo igual ao do artista, num ideal de vida que ele supostamente representa, que levará as pessoas a desejar os produtos da Friboi e, quando possível, a comprá-los (Kehl, 2004, p. 55).

As pessoas fazem de conta que acreditam que ele estava lá e a empresa faz de conta que as pessoas não sabem. Do ponto de vista do discurso, o truque não pode ser revelado, pois isso sim quebraria a magia. Assim, Maria Eugênia Rocha, gerente de *marketing* da Friboi, fala a "verdade":

---

[9] O efeito ou técnica *chroma key* é utilizado em vídeos em que se deseja substituir o fundo por algum outro vídeo ou foto. Serve para fazer gravações em estúdio e depois a imagem de fundo é colocada em computador.

[...] contar a verdade, mostrar a verdade para o consumidor, é o que faz o sucesso da marca Friboi, mantivemos o Tony Ramos como nosso garoto propaganda, embaixador da marca, porque já é uma fórmula de sucesso, a gente tem consciência disso, e a gente conseguir criar uma narrativa muito interessante com essa abertura das portas, abertura da parede, mostrando as portas da Friboi, o que é que tem lá por trás. Espero que seja mais uma campanha de sucesso e a gente continue consolidando a marca Friboi no mercado brasileiro (Reclame..., 2014).

A divulgação do processo de construção dos comerciais é também uma forma de aproximar os consumidores da marca, criando intimidade com os protagonistas e mesmo com os membros da empresa, embora ao revelar em imagens o processo, abra margem para desvendar essas técnicas que são usadas para a criação de um discurso. As principais ideias que buscam passar são "construção de marca, credibilidade, preferência, proximidade com o público (faça parte do dia a dia), conhecimento da marca, ser escolhido".

Milton Santos nos lembrava já no começo dos anos 2000 que "as mercadorias têm uma parte de matéria e uma grande parte de ideologia, de propaganda. O conteúdo propagandístico do valor é grande" (Santos, 2001). Fora da embalagem, a carne da Friboi é apenas carne, mas no pacote e com o rótulo ela traz todos esses valores como confiança e credibilidade agregados.

A mercantilização do gosto não é algo novo, mas agora se dá também no âmbito da dieta base, com a carne por exemplo. E a partir da criação da marca se criam também novas necessidades, a carne vira hambúrguer, *nuggets*,[10] almôndegas, *cordon bleu*,[11] uma série de alimentos processados, supostamente práticos e fáceis de preparar, e com elevado valor agregado. Os consumido-

---

[10] Empanado de carne (ou frango) processada, em geral em forma de "pepita".
[11] Empanado de carne ou frango recheado com queijo e presunto que é comercializado congelado, pronto para fritar.

res pagam bem mais por bem menos matéria-prima original – a carne.

Tudo isso em um momento em que se discute que o consumo exagerado de carne está relacionado com sérios problemas ambientais e de saúde.

A JBS foi considerada pioneira com sua estratégia de publicidade e *marketing* e abriu portas para o setor que considera insuficiente a sua divulgação. Segundo Maurício Mendes, presidente da Associação Brasileira de Marketing Rural e Agronegócios (ABMR&A):

> Dos R$ 57 bilhões investidos em publicidade no país no primeiro semestre de 2013, somente R$ 94 milhões foram dedicados ao *marketing* da agropecuária, um percentual de 0,2%. [...] Mas é pouco para representar um setor que é 23% do PIB nacional (Quaino, 2013).

De acordo com a matéria, Mendes acredita que "se o percentual da propaganda destinada à agropecuária aumentasse para 1% ou 2%, o segmento já começaria a aparecer para o público em geral" e que o *marketing* é fundamental "para o produtor deixar de produzir apenas uma *commodity* e passar a apresentar ao mercado um produto com valor agregado, com marca e identificação geográfica" (Quaino, 2013). Tudo isso sem alterar o caráter exportador de *commodities* já consolidado como a grande vocação do país:

> Mesmo o suco de laranja do Brasil não tem marca. Uma iniciativa nesse sentido não interfere na vocação brasileira de ser grande produtor de *commodities*, ao contrário, pode trazer para o pequeno produtor melhor qualidade de recursos e de renda. O café da Colômbia hoje tem renome internacional, e dá aos produtores uma remuneração que eles não teriam se vendessem o café como uma *commodity* (Quaino, 2013).

Por fim, o executivo faz um apelo, para que também no campo do *marketing* se reforce o investimento público nas empresas: "agregar valor às *commodities* brasileiras por meio de ações de *marketing* teria que estar apoiado em políticas públicas". Isto apesar do investimento feito em publicidade ser altamente recompensado com o aumento do lucro das empresas, como bem prova o caso da JBS. A Agência Lew Lara, responsável pela campanha da Friboi, refere um aumento de 20,2% nas vendas da carne da marca, entre abril e junho de 2013, além de um crescimento de 19% para 32% de menções à marca, entre 2012 e maio de 2013, e de 30% para 80% em termos de consideração (A Revolução..., 2015). Ainda segundo o *site* Brasil 247, "Como a demanda pela carne aumentou, o Grupo Friboi elevou os preços em 5% e em cinco meses o lucro cresceu R$ 300 milhões" (Campanha..., 2013).

O retorno foi tão positivo que em 2014 a empresa anunciou um aumento de 30% no investimento em *marketing* apenas para a marca Friboi, estratégia casada com os planos da empresa para os próximos anos:

> [...] crescer no segmento de produtos de valor agregado e que apresentem conveniência para o consumidor. Estaremos atentos às oportunidades que surgirem no mercado, para expandir nossa plataforma de produção nas mesmas regiões onde já atuamos hoje e com perspectiva de ampliar nossas vendas e distribuição em regiões de consumo, com destaque para a Ásia e o Oriente Médio (Demario, 2014).

Foi um excelente negócio para a empresa o investimento de três milhões no cachê de Tony Ramos para que este faça a sua "propaganda comprometida". Da mesma forma, só pode ser comprometida a participação de cantores como Zezé de Camargo que, sendo hoje um dos grandes produtores de gado de raça, proprietário de bois milionários que crescem na sua Fazenda É o Amor!, tem todo o interesse em fortalecer a imagem do setor e contribuir para o seu crescimento e valorização.

Mas a campanha da JBS incomodou algumas pessoas. Kátia Abreu, então ainda apenas referida como possível candidata à

Ministra da Agricultura, entrou com uma ação judicial contra a Friboi por publicidade enganosa. Segundo a senadora, ao associar o seu nome ao valor da confiabilidade, a empresa estaria induzindo os consumidores de que todos os outros produtores de carne não seriam confiáveis, e isso geraria uma concorrência desleal dentro do setor. Segundo matéria da Agência Senado,

> a senadora disse aplaudir a oportunidade e o enriquecimento de qualquer empresa, mas não aceitar um 'capitalismo sujo e destrutivo' no setor. (Kátia..., 2013).

A ministra se justificou na imprensa dizendo que não tinha nada contra a empresa JBS e que apenas defendia os interesses "globais" do setor. Mas não seria de esperar então uma reação diferente? Neste momento, segundo os próprios publicitários e gestores da empresa, a marca ainda não estava consolidada. Então, a JBS, ao trazer para a cena a produção de carne – que havia recentemente sido alvo de reportagens do programa Fantástico, da Rede Globo, que mostravam as péssimas condições de matadouros estaduais e municipais do Brasil para abate de gado[12] (Chaves, 2013) – associada a valores como confiabilidade, higienização e qualidade, não estaria beneficiando todo o setor? Parece que não foi assim que a ministra entendeu. Ou será por que vazou na imprensa que o dono da JBS, maior doadora da campanha eleitoral de 2014, estaria fazendo *lobby* contra a indicação da senadora para o Ministério da Agricultura, e esta teria recebido cerca de 100 mil reais como doação de campanha de um frigorífico concorrente? Os interesses globais parecem ter um caráter bem particular neste caso.[13]

---

[12] Após visitar 280 matadouros legalizados em oito estados, a reportagem concluiu que 30% da carne vendida no Brasil vem de lugares sombrios e cheios de irregularidades (Chaves, 2013).

[13] Sobre o tema ver as seguintes matérias: Decat, Nivaldo. Maior doadora da eleição faz *lobby* contra nome de Dilma para chefiar agricultura. *O Estado de S.Paulo*,

E não são só as grandes corporações que investem em publicidade. A busca do setor do agronegócio por serviços de mídia tem crescido tanto que tem feito várias agências de publicidade se especializarem na temática, contratando profissionais de assessoria/jornalismo da área e mesmo agrônomos. No Mato Grosso, por exemplo, "em dois anos, a procura do setor produtivo pelas agências de mídia cresceram aproximadamente 90% no Estado", refere matéria de Viviane Petroli do *site* Agro Olhar:

> Em meio às festas, exposições e demais eventos que realizamos, a pedido do setor, percebemos o quão carente o agronegócio é na parte de comunicação e divulgação. Começamos com uma bienal e hoje estamos com feiras e a cada dia surgem mais demandas", relata Aline Ribeiro, agrônoma e responsável pelo núcleo de agronegócio da ZF Xperience (Petroli, 2015).

Fernando Piccinini, vice-presidente de criação da Rino Com, responsável pelas campanhas do agronegócio da agência, comenta em relação às diferentes táticas utilizadas:

> Depende muito do objetivo da campanha. Se o objetivo é construir marca, podemos usar as emissoras de TV, em escala nacional, por conta do alcance e das caraterísticas do público. No caso de campanhas como a que fizemos recentemente para a Monsanto, na qual o caráter era predominantemente promocional e educacional, procuramos mídias mais assertivas para levar informações focadas no produtor rural. É o caso das rádios regionais e, sem sombra de dúvidas, da internet, que nos permite dar um direcionamento muito eficaz [...]. Buscamos sempre nos atualizar quanto às tecnologias mais usadas por cada um dos setores que atendemos. No caso do agronegócio, após a intensificação do uso da tecnologia por parte

---

São Paulo, 02 dez. 2014. Política. Disponível em: <http://politica.estadao.com.br/noticias/geral,maior-doador-da-eleicao-faz-lobby-contra-nome-de-dilma-para-chefiar-agricultura-imp-,1600840>. Acesso em: 22 nov. 2015; Sadi, Andréia; Nery, Natuza. Indicação de Kátia Abreu para a agricultura gera atrito com grupo JBS. *Folha de S.Paulo*, Brasília, 02 dez. 2014. Poder. Disponível em: <http://www1.folha.uol.com.br/poder/2014/12/1556249-troca-de-ministro-gera-atrito--com-grupo-jbs.shtml>. Acesso em: 22 nov. 2015.

dos agricultores, focamos a comunicação em mídias como a internet (Piccinini, 2014).

Esta parece ser uma aposta cada vez maior do setor do agronegócio, em que a tecnologia e as novas mídias vão assumindo a cada dia mais espaços, criando canais de comunicação com as populações do campo cada vez mais individualizados – os trabalhadores não dependem mais de espaços coletivos para obter informações – e que respondem diretamente aos interesses do modelo dominante.

Marketing cultural: o agronegócio pertinho de você

Na última década,[14] as principais empresas do agronegócio movimentaram mais de 130 milhões de reais em projetos de patrocínio cultural financiados via Lei Rouanet. Embora este seja o mecanismo favorito para custear este tipo de ações, "primeiro de tudo, claro, porque o custo é zero" (O que..., 2015b) – anuncia a proponente de projetos apoiados pela Syngenta –, a cifra destinada à cultura é ainda um pouco maior, pois há também projetos nos quais há financiamento próprio.

Além dos recursos envolvidos, várias empresas criaram ou reformularam departamentos para cuidar da área de *marketing* cultural, mobilizando equipes grandes para realizar as ações, nas quais os próprios funcionários são convidados a participar de programas de voluntariado. Um exemplo: os trabalhadores da unidade da BRFoods de Nova Mutum/MT organizaram em 2013 uma Festa Julina para a comunidade. Ou seja, não se trata apenas de fazer doações e posar para a foto nas inaugurações ao estilo de um mecanismo de mecenato mais tradicional[15] que

---

[14] Nos referimos em especial ao período entre 2004-2014.

[15] Mecenato é o incentivo e patrocínio a artistas e atividades artísticas e culturais de um modo geral, sem retorno financeiro direto e, em especial, realizado por pessoas físicas.

poucas empresas no Brasil têm como prática. O patrocínio e a ação cultural passam a ser parte integrante da cadeia do agronegócio. Assim, é preciso que essas ações envolvam planejamento, acompanhamento e investimento.

Os porta-vozes das empresas e/ou dos gerentes dos departamentos de *marketing* e relações públicas reforçam, em geral, a vocação humanista e filantrópica das empresas na hora de falar na coletiva de imprensa de um Festival, ou de dar entrevistas sobre a doação de livros que acabam de fazer.

> Para a empresa, esse projeto é uma forma privilegiada de reconhecer e promover as manifestações artísticas de seu público-alvo mais significativo, o homem do campo. A Syngenta reafirma, assim, seu compromisso constante de estar engajada com todos os seus parceiros, afirma Lydia Damian, gerente de Relações Institucionais da Syngenta (Circuito..., 2013)
>
> Os cuidados da Bunge com as pessoas e a educação levaram a companhia a apoiar este tipo de iniciativa, por preservar a cultura e gerar benefícios e compromissos com toda a comunidade, afirma Adalgiso Telles, diretor Corporativo de Comunicação da Bunge (Bunge..., 2008).
>
> A Cutrale tem um compromisso muito sério com a comunidade, com o meio ambiente, e não se furta de sua responsabilidade social, por isso, é uma honra estar aqui hoje celebrando a parceria de mais um projeto educacional com a Prefeitura, destacou [Carlos] Otero [diretor de Relações Trabalhistas da Cutrale] (Cutrale..., 2013a).

Os depoimentos acima se referem a projetos bem diferentes – Circuito Syngenta de Viola Instrumental, revitalização do Teatro Guarany em Santos, e doação de livros e jogos pedagógicos da série "Saci e os Amigos da Natureza", respectivamente – mas têm em comum o compromisso "muito sério e constante das empresas" de estarem "engajadas com todos os seus parceiros e com toda a comunidade". Além disso, os três projetos foram realizados com recursos provenientes de renúncia fiscal. Três grandes corporações transnacionais cujos discursos fazem supor práticas de convívio harmonioso com o meio ambiente e de valorização das comunidades como objetivos de tais ações.

Mas a crescente especialização de profissionais da área da cultura e da administração, oferecendo seus serviços de intermediação entre empresas e a área da cultura, em especial na formatação de projetos para aprovação via Lei Rouanet e posterior patrocínio, tem trazido visibilidade à atividade desses produtores culturais que, em busca de atrair as empresas, revelam em suas páginas da internet as reais intenções do *marketing* cultural:

> *Marketing* cultural é uma ação que busca abrir um canal de comunicação entre a empresa e o público. As empresas não patrocinam projetos culturais por caridade e sim para obter retorno. [...] Portanto, quem elabora uma proposta de patrocínio não deve somente destacar as qualidades culturais do projeto, que também são importantes, mas expressar, clara e diretamente, sua adequação à marca da empresa e às vantagens que pode oferecer a ela. Para ter sucesso, um projeto de patrocínio cultural precisa ser percebido pela empresa como uma boa solução para sua comunicação (O que..., 2015a).

Note-se que quando falam dos projetos, ressaltam que as qualidades culturais *também são importantes*, mas não são as mais importantes. O mais importante é "diversificar a comunicação com as pessoas", dialogando com um "público-alvo específico, por interesse e afinidade" e "reforçar a imagem corporativa" trazendo para a sua marca "valores que agregam valor a sua empresa" (O que..., 2015b). Alguns são mais diretos, e apontam como motivos para apoiar a cultura via renúncia fiscal:

> Pela exposição gratuita da marca da empresa associada ao projeto incentivado, gerada nos principais meios de comunicação do país, como jornais, revistas, sites, etc. Pelo recebimento de todas as contrapartidas de exposição da marca sem se utilizar de verbas de *mar-*

keting, e sim com recursos públicos, de uma forma perfeitamente lícita (Leis..., 2015).

De modo geral, podemos afirmar que o *marketing* cultural é a forma atual que o patrocínio corporativo mais assume. Segundo Durand,

> o investimento serve para 'qualificar' o conjunto das ações de comunicação da empresa com o mercado e a sociedade. Os projetos incentivados são assim decididos em função de uma estratégia corporativa, muitas vezes indicados por profissionais externos que se qualificaram para identificar os pontos de afinidade da empresa e o produto cultural a ser patrocinado (Durand, 2013, p. 50).

No processo de alienação do trabalho e da produção agrícola, que alija a sociedade consumidora da forma de produzir e beneficiar a comida, a identidade do alimento como mercadoria a ser vendido carece de uma ligação com o público alvo, que pode ser estabelecida por meio da agregação de valores que dotam o produto de certa personalidade, ou estilo.

Por buscar dialogar com diferentes públicos ao mesmo tempo, a diversidade de ações que cada empresa apoia em geral é bem ampla. Entre os projetos incentivados ao longo de 12 anos pela Syngenta (ver APÊNDICE A), transnacional com sede na Suíça produtora de agrotóxicos e sementes, é possível identificar na área da música os "Prêmios de Música Instrumental de Viola" e os "Circuitos Brasil de Viola Instrumental"; na edição dos livros, o *Dicionário Brasileiro de Artes Plásticas, Sementes Ornamentais do Brasil* ou ainda *Gestão do Conhecimento* – Volume II – *Compêndio de Indicadores de Sustentabilidade de Nações. Uma contribuição ao Diálogo*; no teatro, as peças "Plantando o Bem", "Vamos Cuidar do Nosso Mundo" e "Teatro nas Universidades 2012", ou mesmo o patrocínio ao Desfile de Carnaval da Escola de Samba Unidos da Tijuca 2015.

A maioria das iniciativas de patrocínio cultural é realizada através do aporte do financiamento de projetos culturais via Lei

Federal de Incentivo à Cultura (Lei Rouanet), e também via leis estaduais e municipais semelhantes. Trata-se de

> recursos indiretos de ordem fiscal oferecidos à iniciativa privada pelo Estado para financiamento das artes e das criações intelectuais (Miranda, 2006, p. 16).

Colocado dessa perspectiva, fica fácil perceber, como nos afirma Miranda, que

> quando o Estado se retrai naquilo que é seu desempenho em favor dos interesses públicos, avançam os interesses de mercado, que em síntese são corporativos e privados, portanto, de benefício restrito (Miranda, 2006, p. 17).

Essa é uma prática que não é nova no meio empresarial. Estudos sobre a privatização da cultura, a partir da pesquisa sobre a intervenção corporativa nas artes, não são novidade,[16] mas encontram-se poucas referências quando se trata das corporações com atuação no meio rural, em especial no Brasil. Além de se tratar de uma prática relativamente recente – que data em especial do começo do século XXI –, os estudos acadêmicos sobre o meio rural e a cultura ainda privilegiam a análise das culturas tradicionais, ou mesmo abordam o tema das políticas públicas para a cultura do campo dando enfoque à sua ausência como política cultural.

Percebe-se, no entanto, que as práticas que hoje são adotadas pelas empresas do agronegócio seguem as tendências e o modo de atuação das empresas e corporações que atuam em outros ramos da economia e que os objetivos que os movem são bem semelhantes.

---

[16] Destacamos a pesquisa da tailandesa Chin-Tao Wu, que nos dá pistas interessantes sobre o tema apesar de se referir em especial à realidade dos Estados Unidos e Grã-Bretanha a partir dos anos 1980. No Brasil, ver Durand (2013) e Augustin (2011).

A partir da pesquisa com grandes corporações multinacionais dos Estados Unidos e Grã-Bretanha desde os anos 1980, Wu salienta que

> ao patrocinar as instituições artísticas, as corporações se apresentam como tendo em comum com museus e galerias de arte um sistema humanista de valores, e assim revestem seus interesses particulares com um verniz moral universal (2006, p. 148)

e continua dizendo que estas práticas e investimentos em atividades culturais têm como um dos principais objetivos "burilar a imagem corporativa" em especial de empresas de ramos de atividades que produzem graves consequências para os seres humanos e natureza, como as petroleiras e a indústria tabagista (Wu, 2006, p. 152). Pode-se dizer, então, que seria este também o caso das empresas do agronegócio, conhecidas como grandes poluidoras e destruidoras do meio ambiente.

Além disso, refere Miranda,

> a cultura, e mais especificamente a arte contemporânea, passou a funcionar como moeda simbólica para corporações nas democracias capitalistas ocidentais (Miranda, 2006, p. 17)

e acrescenta Wu (2006, p. 38)

> é uma consequência inevitável do poder do capital multinacional que, na entrada do terceiro milênio, as multinacionais ocidentais usem a arte como arma para proteger seus interesses no papel de colonizadores econômicos no estrangeiro.

No Brasil, identifica-se certo atraso e dificuldade no desenvolvimento desse moderno sistema de patrocínio corporativo às artes (Durand, 20013, p. 49), que teve sua inspiração nos modelos de política cultural implementados por Ronald Reagan, nos Estados Unidos, e Margareth Thatcher, na Inglaterra.

Assim, é apenas no bojo da implementação das políticas neoliberais dos anos 1990 que ele começa a se estruturar, em particular a partir da eleição de Fernando Collor, que além de desmantelar todo o sistema público de cultura que existia (Ministério da Cultura – que virou uma Secretaria – Embrafilme, a Funarte e a Fundação Nacional de Artes Cênicas – que foram extintas na época), fez aprovar a Lei Rouanet que tem como principal mecanismo a renúncia fiscal, ou mecenato, como é conhecida[17] (Augustin, 2011). A lei vigora até os dias de hoje embora com algumas alterações. Dentre as mais importantes está a que em 1997 autorizou a renúncia de 100% do valor incentivado (que antes variava entre 64 e 74%), favorecendo ainda mais o empresariado.

No Brasil, o sistema financeiro via publicidade dos bancos é um grande usuário da tática, provavelmente por trabalharem com

> uma mercadoria comum (dinheiro), onde só podem se demarcar na mente do público em termos da associação de seu nome e logotipo com cultura, esporte ou beneficência (Durand, 2013, p. 52),

mas certamente por conta da alta taxa de juros que cobram e com a qual conseguem obter lucros muito acima da média do que obtêm em outros países, precisando trabalhar a sua imagem perante aqueles que exploram. E também empresas como a Petrobras, a mineradora Vale e a indústria de tabaco Souza Cruz constam entre as grandes utilizadoras do patrocínio cultural como forma de passar uma imagem simpática para a população em geral.

A Lei Rouanet tem sido alvo de muitas críticas, pois se usa da estrutura pública para fazer toda a análise de projetos e, mesmo depois de aprovado, o projeto só receberá o recurso para ser executado caso alguma empresa (ou pessoa física) decida apoiá-lo. Como uma grande parte dos projetos acaba não

---

[17] Lei n. 8.313, de 23 de dezembro de 1991. No entanto, ela só foi regulamentada com o Decreto n. 1.494, de 17 de maio de 1995.

conseguindo patrocínio algum, o mecanismo se torna uma grande "batalha" para os produtores culturais,[18] em geral beneficiando os artistas já consagrados ou os produtos culturais mais mediáticos, ou mesmo aqueles que mais e melhor adaptam os seus projetos aos objetivos empresariais. Muitas vezes, projetos que não continham em si um propósito mercadológico, acabam assumindo essas características porque consideram que se não o fizeram não terão condições de sobrevivência no meio artístico-cultural.

A partir de 2003, com as gestões de Lula e Dilma, algumas mudanças se deram no cenário cultural nacional: o orçamento da pasta da cultura aumentou (embora quase sempre sofrendo cortes), novos programas surgiram, se diversificaram e descentralizaram, relativamente, dando ao Ministério da Cultura uma orientação para uma ação socialmente mais inclusiva e mais voltada para as manifestações populares. A centralidade da política cultural neoliberal, focada nas leis de incentivo fiscal, não foi, porém, abalada – ao contrário (cf. Durand, 2013, p. 15), apesar das iniciativas de vários setores contrários a elas e de algumas análises dos próprios formuladores do Minc. O Ministério divulgou em 2010 um documento onde aponta algumas razões pelas quais é necessário mudar o mecanismo: "exclusão e concentração cultural no Brasil", "falta de critério para uso do dinheiro público e quase nenhum investimento dos patrocinadores"; "renúncia tem cinco vezes mais dinheiro público que o fundo"; "via crúcis para conseguir um patroci-

---

[18] Para termos ideia de quão difícil é este processo, em matéria sobre a cantora mineira Gláucia Nahsser, que teve a turnê de lançamento do CD Vambora patrocinada pela Syngenta, é possível ler-se a seguinte passagem: "É bom lembrar: o projeto tem o patrocínio da empresa do setor de agronegócios Syngenta, conquistado por Gláucia após seis anos de *batalha*" (Marzochi, 2010, grifo nosso).

nador"; "boa parte da cultura brasileira não cabe na renúncia fiscal" (Brasil, 2010).

Segundo o Ministro da Cultura Juca Ferreira,[19] que manifestou várias críticas à Lei no seu formato atual, "ao permitir 100% de renúncia fiscal, a Lei Rouanet vira uma parceria desequilibrada [entre Estado e iniciativa privada] [...] quem dá a palavra final é o departamento de *marketing* das empresas privadas" (Ministro..., 2015).

São poucas as empresas do agronegócio que ainda não estão apostando nesta estratégia. A tendência é inclusive que essa prática se expanda ainda mais, uma vez que algumas produtoras estão se especializando em oferecer às empresas novas propostas de projetos culturais. E, embora isso não apareça explicitamente, algumas já estão focando a sua atuação nas empresas do agronegócio, percebendo ali a necessidade e o potencial do setor em investir na sua imagem através desta forma de publicidade.

A Elo3 Integração Empresarial, por exemplo, é uma empresa que desde 2004, presta assessoria a empresas

> no cumprimento de sua responsabilidade social por meio de projetos culturais e sociais, aproveitando-se, sempre que possível, dos benefícios fiscais das leis de incentivo (Elo3 Integração Empresarial, 2015) [e] tem como ideal continuar mergulhada no universo corporativo, pensando na integração empresarial de nossos clientes com seus *stakeholders,*[20] através de estratégias e ações conceituadas nos

---

[19] O Ministro Juca Ferreira é um dos defensores da aprovação do Procultura (6.722/2010), que revogaria a Lei Rouanet (8.313/91) e procura corrigir alguns dos problemas identificados nesta última, como a renúncia fiscal de 100% do valor incentivado, que passaria a ser de 80%, exigindo um investimento com recursos próprios das empresas de 20%, além de estabelecer um valor mínimo para o orçamento da cultura de 2%.

[20] *Stakeholders* são as partes interessadas que sofrem o impacto do funcionamento de uma organização: empregados, acionistas, fornecedores, clientes, concorrentes, mercado, sociedade, comunidades próximas, mídia e imprensa e gerações futuras.

pilares da cultura, sociedade e meio ambiente (Elo3 Integração Empresarial, 2015).

A partir desses pilares, entre os vários serviços que presta, a empresa desenvolveu alguns "projetos para investimento" que são oferecidos às empresas para que sejam incentivados via Lei Rouanet. Dentre estes, destacamos três que têm como foco prioritário questões do meio rural. São eles: o "Museu Itinerante – Um recorte significativo do acervo artístico mundial, envolvendo temas como: meio ambiente, água, nutrição, entre outros"; o projeto "O Vasto *Campo*[21] da Arte – A nova curadoria de Leonel Kaz vai valorizar o trabalho do homem do campo"; e o projeto "Olhar da Comunidade – Incentivo ao protagonismo social juvenil por meio da fotografia. Oficinas e exposições" (Elo3 Integração Empresarial, 2015). Essas temáticas e enfoques fazem com que entre os seus clientes figurem a Monsanto, o Rabobank – banco especializado em agronegócio, e o Instituto Votorantim, além de vários outros como a Nestlé ou a 3M.

Para facilitar a associação da marca/empresa ao projeto e seus valores, na grande maioria das vezes o nome destas é incorporado ao projeto. Assim, dependendo da cidade onde é exibida a exposição, o projeto se apresenta como Museu Itinerante da Monsanto ou Museu Itinerante da Rabobank, por exemplo.

Todas as atividades e patrocínios são divulgadas entre as comunidades e na mídia impressa, televisiva, digital, seja própria da empresa, local, seja de âmbito nacional. As matérias quase sempre trazem informações sobre as atividades, mas também um breve histórico sobre a atuação das empresas e seus objetivos.

Uma vez acontecido o evento patrocinado, à mesa do patrocinador chega um dossiê com cópia de todas as notícias de imprensa em que ele foi

---

[21] O título aparece com a cor azul e o destaque é dado na palavra "campo" que aparece em verde (grifo nosso).

mencionado, incluindo a contagem dos centímetros quadrados de jornal ou revista, para que ele se reassegure do sucesso que foi sua iniciativa, gerando tamanha 'mídia espontânea' (Durand, 2013, p. 157).

É de fundamental importância a atuação integrada entre os vários departamentos de *marketing* e publicidade, para que o patrocínio cultural tenha sucesso e se revele uma boa solução de comunicação. Isso passa por enaltecer o caráter social das ações, ocultando para o conjunto da população um dos objetivos principais que é o da publicidade das empresas.

Assim, o discurso organizado em torno dessas práticas de patrocínio cultural em geral se assenta em dois grandes eixos: responsabilidade social e ambiental/sustentabilidade; e democratização cultural.

Responsabilidade Social e Ambiental: discursos versus práticas

As empresas do agronegócio, em especial as grandes corporações transnacionais, têm uma atuação no campo social que não difere muito do restante das empresas que atuam no país. No final da década de 1990, segundo Lúcia Neves (2011, p. 233), as empresas no Brasil começam a

> expandir sistematicamente as suas fundações e desenvolvem, nos anos 2000, uma rede complexa de intelectuais da nova pedagogia da hegemonia, com vistas à difusão da ideologia da responsabilidade social.

Nos últimos 20 anos, o Brasil viu surgir uma imensidão de fundações, entre as quais podemos encontrar aquelas criadas pela maioria das empresas do agronegócio,[22] que têm como foco principal a realização de ações sociais, ambientais e culturais

---

[22] A título de exemplo, listamos algumas das principais Fundações e Institutos vinculados a grandes empresas do setor: Fundação Bunge, Fundação Monsanto, Fundação Cargill, Fundação Syngenta, Fundação Bayer, Fundação André e Lúcia Maggi, Fundação Raízen, Instituto JBS, Instituto Mafrig Fazer e Ser Feliz.

junto às comunidades, dentro de uma política de sustentabilidade todo tempo reafirmada pelas empresas.

Bunge
A Bunge Brasil tem o desafio de garantir o crescimento sustentável da empresa, com equilíbrio entre os aspectos econômico, ambiental e de responsabilidade social:
– A parceria com o produtor rural e com todos os agentes da cadeia produtiva do agronegócio gera empregos, divisas e riquezas para o país.
– O cuidado com os recursos naturais e o respeito ao meio ambiente conduzem ações de sensibilização e educação que geram benefícios e compromissos do homem com a preservação.
– A crença na participação comunitária, na promoção da cidadania, na valorização da educação e do conhecimento molda políticas em benefício de toda a sociedade. (Sustentabilidade, 2012).

JBS
Sustentabilidade é parte fundamental da cultura da JBS. Acreditamos que uma atividade sustentável se apoia no tripé formado pela responsabilidade social, viabilidade econômica e responsabilidade ambiental.
Fazemos o máximo para incorporar a responsabilidade ambiental e a justiça social em nossas operações cotidianas.
Responsabilidade Social. A JBS acredita que um forte relacionamento com as comunidades locais é fundamental para o sucesso de nossos negócios. Cada uma das nossas unidades procura atuar ativa e positivamente nas comunidades onde operam. A JBS promove suporte financeiro para algumas instituições de caridade e apoia eventos locais no entorno de nossas fábricas, como campanhas para prevenção de câncer, doação de alimentos e projetos de educação. Adicionalmente, em 2009, a JBS fundou o Instituto JBS, que recentemente mudou seu nome para Instituto Germinare, com foco em iniciativas sociais (JBS, 2012).

Santa Cruz (2006) comenta que

nesse sentido, responsabilidade social, e seus diversos sinônimos (*marketing* social, cidadania corporativa e filantropia empresarial, entre outros), tem se instalado como um discurso [...] que sugere a rearticulação do papel das empresas na sociedade.

Estas seriam agora imbuídas de realizar a formação político--cultural das comunidades, em especial das crianças e jovens, através do desenvolvimento de ações educativas, culturais, esportivas realizadas por meio de parcerias público-privadas. No fundo, cumpririam dois grandes objetivos ao mesmo tempo: executar o papel a elas destinado pelo Estado na implementação das políticas públicas sociais e, ao mesmo tempo, agregar valor às empresas e às suas marcas.

É dentro desse imenso guarda-chuva da responsabilidade social e da sustentabilidade que a maioria das ações e patrocínios culturais são realizadas pelas empresas. E é com base nessa filosofia que muitas dessas ações vão além do campo artístico propriamente dito e articulam os campos educacional, ambiental, comunitário.

Yúdice (*apud* Durand, 2013, p. 116) comenta:

> [...] as artes e o setor cultural agora estão sendo chamados a ajudar a resolver os problemas da nação: melhorar a educação, abrandar a luta racial, reverter a deterioração urbana através do turismo cultural, criar empregos, até mesmo reduzir a criminalidade. Tal reorientação tem contado com o apoio dos administradores culturais (Yúdice *apud* Durand, 2013, p. 116).

No meio rural brasileiro, podemos dizer que não é diferente, as artes e a cultura estão sendo chamadas em maior ou menor medida para melhorar, e mesmo fazer, a educação onde esta acontece com poucos recursos (financeiros e humanos); abrandar a luta racial e a luta pela terra e em defesa do meio ambiente; promover uma nova visão do campo através do turismo rural e da valorização das atividades não agrícolas; criar empregos, embora a maioria seja de caráter urbano, vinculados aos serviços gerados em seu redor; e até mesmo, reduzir a criminalidade, mantendo a ordem e anestesiando os inconformados.

Christiane Cralcev, coordenadora de Responsabilidade Social da Monsanto, ao dar entrevista para divulgação do projeto CineMonsanto, lembra que "a preocupação socioambiental é intrínseca à Monsanto" e

> Investimentos como esse são a forma como a companhia demonstra o seu compromisso com o Brasil e o respeito à sociedade. Acreditamos que apoiando iniciativas como essa, estamos contribuindo para o acesso dessas comunidades à informação e cultura.

A matéria informa ainda que "todas as localidades escolhidas (para serem contempladas com as sessões de cinema) ficam próximas de unidades ou de áreas de atuação importantes da Monsanto" (CineMonsanto..., 2011).

Verifica-se hoje no Brasil uma tendência que Durand já apontava nos Estados Unidos no final dos anos 1990, de que a maioria das manifestações artísticas financiadas pelas empresas tem um caráter local, "ganhando destaque nas justificativas dos patrocínios a necessidade de apoiar as comunidades onde as corporações têm os seus negócios" (Durand, 2013).

Dentro dessa lógica, o Instituto de Defesa do Consumidor (IDEC) considera que a responsabilidade social é, em parte, uma necessidade das empresas de darem respostas à sociedade, e que muitas das ações realizadas nesse âmbito surgem como resposta às ações dos trabalhadores, de grupos ambientalistas, de consumidores, de defensores de direitos humanos, políticos e de mobilização cidadã (Santa Cruz, 2006, p. 20).

Mas essas ações também podem ser vistas como publicidade positiva das empresas, com o objetivo de diminuição das percepções negativas das comunidades em relação às suas ações nefastas.

Em 2013, a Abag junto com a ESPM (Abag; ESPM, 2013) divulgaram uma pesquisa mostrando que a maioria das pessoas apontava como os grandes problemas causados pelo agronegócio o desmatamento, a poluição, o consumo exagerado de água e o desemprego. Não será de estranhar que uma boa parte das ações culturais e mesmo educativas tenha como temas a preocupação com a água, proteção do meio ambiente, melhoria das condições de vida, entre outros, reforçando o discurso (e nem sempre a prática) de sustentabilidade social e ambiental.

A Fundação Cargill lançou em 2013 o livro *No caminho das águas* patrocinado pela Lei Rouanet. Segundo Valéria Militelli, Presidente da Fundação Cargill:

> *No Caminho das águas* é uma publicação especial e apresenta o resultado de alguns anos de pesquisa, trazendo belíssimas imagens e as histórias de como os rios foram importantes para a difusão da cultura brasileira, levando ao conhecimento dos leitores nossos costumes, culinária e tradições. Além disso, marca o início das comemorações de 40 anos da Fundação Cargill (Cargill, 2013).

Ainda de acordo com a matéria de divulgação,

> a obra tem como objetivo contribuir para o desenvolvimento e a promoção da tecnologia e dos estudos científicos relacionados à agricultura, agropecuária e à expansão das atividades socioambientais.

Trata-se de um livro com belas fotos do Brasil, textos e referências de Araquém Alcântara, Alberto de C. Alves, Iatã Cannabrava, Peter Milko, o estilista Ronaldo Fraga, o cantor Geraldo Azevedo, a chef Ana Luiza Trajano, o escritor Milton Hatoum, entre outros. São artistas de renome nacional (e mesmo internacional) e alguns não tão conhecidos, de diferentes áreas culturais desde a fotografia, passando pela moda, música, gastronomia e literatura, chamando a atenção para a magnitude e a universalidade de um tema tão presente no dia a dia e tão importante como a água, mas ao mesmo tempo, indiretamente, evidenciando a rede de articulações e os contatos que a empresa tem. Os artistas não só "emprestam" suas palavras e seu nome ao projeto e, por isso, lhe agregam valor, pois, em princípio, têm mais condições de atrair o público leitor; como também, ao se relacionar com eles, a empresa busca também divulgar a sua imagem e mensagem de responsabilidade ambiental e social – além de apoiadora das artes – a estes formadores de opinião nas mais diferentes áreas do meio artístico. Por tabela, a empresa ganha "fortes defensores" ou pelo menos amortiza possíveis críticas por parte da classe artística. Em troca, os artistas além de remunerados monetariamente também são supostamente beneficiados com um *marketing* pessoal e a projeção da sua imagem. Todos parecem lucrar. À custa de quem?

Na internet é possível encontrar uma foto de divulgação, do interior do livro acompanhada de alguns trechos que valem a pena ser destacados:

> O homem pode fazer tudo pelas águas, mas se não cuidar do verde, os rios sucumbirão. Rio gosta mesmo é de mata, mata ciliar emoldurando seu curso e mantendo cada coisa em seu lugar: a água onde deve correr, o verde onde deve crescer. [...]
> Das formações ribeirinhas para mata adentro, mais uma vez a preservação das florestas significa a preservação das águas. [...]
> A engrenagem é perfeita e precisa do ser humano para apenas uma coisa: preservá-la, sem desvios ou exploração predatória.
> Apesar de os governos terem um papel fundamental na gestão eficiente da água, a população e as empresas também devem se envolver completamente. [...]
> Por enquanto, cada brasileiro consome em média 270 litros de água por dia, o equivalente a duas banheiras transbordando. [...] O cálculo converte em hectares ou litros de água utilizada para manter esses hábitos e estilos de vida. Assim, um quilo de açúcar leva 1.800 litros de água em sua produção, um quilo de batata frita, 1.000 litros, um quilo de carne bovina, 15.800 litros; uma camisa de algodão, 2.500. Fica claro que consumir com consciência ajuda a proteger as reservas naturais do planeta e a diminuir as desigualdades sociais. [...]

Está na hora de buscar uma nova maneira de criar riqueza sem destruir os rios, as represas, os riachos, os veios d'água. A mudança é possível, mas exige o comprometimento de todos! (Prada, 2013).

Como podemos ver, as citações se referem apenas às tradições e costumes relacionados com os rios, como poderia fazer crer a apresentação da Presidenta da Fundação. Mas abordam também de maneira bem enfática a temática da preservação das águas e do papel e comprometimento de todos agentes envolvidos. Assim, numa primeira leitura, poderia até dar a sensação de que o texto havia sido feito por alguma entidade ambientalista, já que a linguagem e os argumentos são bem próximos aos usados por estes. Mas uma leitura mais cuidadosa chama a atenção para algumas questões: mesmo detalhando os litros de água envolvidos na produção de certos produtos agrícolas, evidenciando a enorme quantidade que muitas dessas atividades necessitam, o texto atribui a responsabilidade da tarefa de proteger o meio ambiente e a de diminuir as desigualdades sociais a quem consome. É o cidadão comum, que recém começou a comer carne bovina com mais frequência, que terá que rever seus padrões de consumo para que as reservas naturais não se extingam, e não aqueles que se beneficiam com "a criação de riqueza" e que podem, inclusive, buscar novas formas de fazê-lo de maneira sustentável. Este é um discurso comum por parte das empresas, e mesmo de algumas ONG's ambientalistas, de colocar a tônica da solução para os problemas ambientais no âmbito da esfera do consumo, sem explicitar como fontes dos problemas a esfera da produção, e mesmo as desigualdades no que diz respeito aos níveis de consumo da população.

A água e a sua preservação são temas recorrentes dos projetos culturais das empresas do agronegócio. Apenas como exemplos que possam dar essa dimensão, tem-se: o Museu Itinerante Monsanto e o Museu Itinerante Rabobank, que realiza exposições itinerantes de reproduções de obras de artistas consagrados sobre o tema água; o Teatro Mata Viva patrocinado pela Basf, iniciativa que consiste em apresentações teatrais sobre conscientização e preservação do meio ambiente destinadas ao público infanto-juvenil, entre os quais o tema do uso sustentável da água;[23] e o projeto "Se eu pudesse mudar o mundo", patrocinado pelo Rabobank em 2015 e que tem "como premissa difundir, através das artes cênicas, valores ambientais ao público infanto-juvenil, assim como desenvolver a consciência sobre a responsabilidade social que requer a vida em condomínio". Em todos esses projetos culturais, os temas trabalhados foram: aquecimento global, cuidados com a água e atitudes sustentáveis.

Voltando ao livro, quando se percorrem as imagens e se leem os textos sem filtro crítico, fica a sensação de que é uma iniciativa bem intencionada, que procura trazer elementos para um debate necessário e urgente na sociedade como é a poluição e escassez das águas.

No entanto, quando se está na posse da informação de que a Cargill, transnacional que atua na produção e comercialização de soja, açúcar, álcool e algodão, é uma das empresas que mais polui as águas, essa sensação desaparece. No Brasil, em 2008, a ONG Defensoria da Água divulgou um relatório sobre "O estado real das águas e da biodiversidade no Brasil", com o *ranking* das dez empresas que mais poluem as águas no

---

[23] O Teatro Mata Viva, projeto de educação ambiental do Programa Mata Viva de Adequação e Educação Ambiental da Basf. O programa conta com gestão estratégica da Fundação Espaço ECO (FEE), instituída pela BASF e, na região, com a parceria da Coopercitrus Cooperativa de Produtores Rurais (Basf, 2012).

país: a Cargill ocupava o oitavo lugar.[24] (Petrobras..., 2008). E nos Estados Unidos, o grupo Environment America publicou, em 2010, um relatório sobre o "Agronegócio Corporativo e os Cursos de Água dos EUA", pedindo que empresas como Perdue, Tyson e Cargill se responsabilizem pela poluição causada por seus rebanhos. Outras empresas que poluem as águas americanas são o grupo brasileiro JBS (que comprou frigoríficos americanos, como o Swift) e a Smithfield. Pelos dados levantados pelo grupo ambientalista, essas empresas juntas contribuem para tornar poluídos 160 mil quilômetros de rios e 4000 quilômetros quadrados de lagos usados para natação, pesca, potabilidade e *habitats* de vida selvagem (Mendonça, 2010).

O discurso de sustentabilidade ambiental parece andar desencontrado das práticas reais da empresa e do modelo de produção agrícola de *commodities*, com potente mecanização e uso de insumos químicos.

Além disso, este caso é revelador de como estas práticas de *marketing* cultural envolvem uma série de relações e objetivos que nunca são divulgados. O livro citado foi financiado via Lei Rouanet no valor total de R$ 192.155,00. O proponente do projeto foi a própria Fundação Cargill, ou seja, foi ela que apresentou o projeto ao Ministério da Cultura, que o aprovou. A etapa final de captação de recursos, neste caso, foi fácil, os incentivadores do projeto foram nada mais nada menos que a própria empresa, o Banco Cargill e vários de seus diretores e executivos.[25] Veja-se o quadro abaixo:

---

[24] O *Ranking* foi o seguinte: 1. Petrobras; 2. Shell/Rhodia; 3. CSN; 4. Gerdau; 5. Votorantim; 6. Brasken; 7. Fundição TUPY; 8. Cargill; 9. Aracruz Celulose; 10. Companhia Vale Do Rio Doce (Petrobras..., 2008).

[25] Estas informações são difíceis de pesquisar e obter, em especial, porque há uma rotatividade grande de cargos por parte destes executivos, mas as funções indi-

Quadro 5 – Incentivadores do projeto do livro *No caminho das águas*, valor do apoio e relação com a Cargill.

Incentivador	Valor incentivado R$	Relação com a Cargill
Banco Cargill S. A.	40.000,00	
Cargill Agrícola S.A.	121.039,00	
Laerte Nogueira Porto Moraes	2.000,00	Líder da unidade de negócios de cacau e chocolate da Cargill
Luiz Antonio dos Santos Pretti	17.816,00	Presidente da Cargill
Marco Aurelio Rocha Macia	5.000,00	Diretor Financeiro da CoopCargill2
Maria Valeria Militelli	1.800,00	Presidente da Fundação Cargill
Maximiliano Liubomir Slivnik	3.000,00	Gerente Comercial da Cargill Agrícola e Sócio da Fundação Cargill
Pedro Cipullo Aymar	500,00	Gerente de Marketing e Vendas das Cargill
Solange Marques Ferreira	1.000,00	Diretora Financeira e de Controladoria da Cargillprev
TOTAL	192.155,00	

Fonte: Elaboração da autora a partir de pesquisa de dados no Sistema SalicNet (Brasil, 2015).

A responsabilidade social e ambiental da Cargill, além de fazer uso de recursos públicos, reinveste o dinheiro da renúncia fiscal na própria Fundação da empresa, contribuindo para a sua manutenção e para o controle total sobre o produto cultural a ser elaborado.

Casos como este são comuns, tanto no que diz respeito à divulgação de uma imagem e um discurso que não condizem com as práticas das empresas quanto também de uso dos recursos públicos para *marketing* cultural através das fundações próprias das empresas que renunciam, o que acaba sendo uma das fontes de financiamento dessas mesmas fundações.

---

cadas são as que aparecem em diversas páginas da internet relativas ao período em que o projeto foi financiado.

O discurso da democratização cultural

É difícil hoje, senão impossível, encontrar uma empresa que não realize e/ou apoie algum tipo de projeto cultural. Isso sempre tendo a cultura ligada à educação, à formação profissional e aos esportes, alguns dos instrumentos utilizados para a relação com a sociedade e, mais especificamente, com as comunidades onde as corporações atuam.

Miranda (2006, p. 17) ressalta que a cultura, além de permitir melhorar a imagem das empresas no mercado competitivo, também pode ser compreendida dentro de um processo de "apropriação do poder simbólico da arte e da cultura, que se reverte em dominação para aqueles que a detém".

No caso do agronegócio, cujo processo de territorialização vem se intensificando nos últimos anos, isto significa dizer que esses projetos estão chegando ao interior do país – não necessariamente à zona rural, historicamente desprovida da oferta de atividades e espaços culturais, pelo menos aos moldes daqueles existentes nas grandes cidades, como teatro, cinema, exposições de artes visuais, entre outros.

As corporações do agronegócio estão chegando onde as políticas culturais públicas não chegam ou o fazem com dificuldade. Assim, o que faz parte do seu processo de conquista e implantação nos territórios onde atuam passa a ser usado para fazer propaganda da sua imagem com um tema simpático à maioria da população, a cultura:

> Nossa missão é ajudar a fomentar a cultura, valorizando sua democratização e descentralização. Por meio de projetos que estimulam a expressão cultural nas suas mais diferentes formas, nos comprometemos com responsabilidade pela sociedade na qual vivemos e trabalhamos (GO: Espetáculo..., 2013).[26]

---

[26] Informação disponibilizada sobre o projeto de Educação Ambiental "Teatro Itinerante Planeta Água – Um Mundo Sustentável": já beneficiou aproximadamen-

É fácil encontrar vários projetos itinerantes apoiados pelas empresas, que programam circuitos de apresentação de espetáculos, de exposições ou mesmo organizam "dias de atividades na comunidade", onde oferecem às populações vários serviços culturais. Todos eles divulgam entre os seus objetivos o papel da empresa na democratização cultural, através do "acesso a variadas formas de cultura e entretenimento".

Um bom exemplo é o projeto "Circuito Estradafora" que realiza sessões de teatro, oficinas e cinema em várias cidades do Brasil desde 2004. Quem o idealizou e o executa é a ONG Teatro de Tábuas, de Campinas/SP, que tem tido o patrocínio de diversas empresas, através da Lei Rouanet. Segundo a página na internet do projeto, em nove anos foram 2.882 sessões de teatro e cinema, 216 cidades e 379.784 espectadores. Pelas informações do sistema SalicNet é possível saber que nesses nove anos a ONG arrecadou R$ 17.640.526,85 para a execução do circuito. Entre as empresas patrocinadoras a que mais incentivou foi a Duke Energy International, Geração Paranapanema S. A., mas também apoiaram a Cielo S. A., Votorantim Metais e Zinco S. A., Scania, Centrais Elétrica Pará S. A., Visa, Mineração Serra Grande S. A. e a Monsanto Nordeste S. A., entre outras (Teatro de Tábuas, 2015).

Foi divulgado numa matéria no site Agrolink da seguinte forma:

> O Circuito Estradafora Monsanto [é um] projeto cultural itinerante que tem como objetivo democratizar o acesso à cultura e à arte, com apresentações teatrais, sessões de cinema, saraus e culturais e educativas. Os ingressos estão sendo distribuídos na Secretaria Municipal de Educação e Cultura. [...] é realizado em uma carreta-teatro, que se transforma em uma sala de espetáculos, coberta e climatizada, com

---

te 250 mil crianças, percorrendo mais de 150 cidades do Brasil, desde 2003. É um espetáculo teatral que, de forma lúdica, ensina como os participantes devem agir nas questões globais (GO: Espetáculo..., 2013)

capacidade para 150 espectadores, onde são realizadas apresentações de teatro, cinema, oficinas culturais e espetáculos regionais. O veículo conta com todos os recursos técnicos necessários às apresentações, como *blackout*, som, luz e ar-condicionado. A estrutura pode ser montada em lugares de fácil acesso, como praças, ruas, avenidas e quadras. [...] com apresentações do espetáculo teatral infantil *Trilhos que eu mesmo fiz*, dos filmes *Saneamento Básico*, *Wall-e*, *Meu nome não é Johnny*, *Uma verdade inconveniente* e *Os Thornberrys*, além de sarau cultural, com artistas locais (Circuito..., 2008).

Nessa descrição é possível perceber a preocupação em levar a arte a lugares distantes dos grandes centros, mas buscando garantir as condições técnicas o mais próximas à dos equipamentos culturais que lá existem, como sala "climatizada", "blackout". Ao mesmo tempo, a estrutura não deixa só por si de ser uma atração inovadora e divertida, uma vez que a "sala de espetáculos" é montada numa carreta com um teatro inflável. O público, em especial as crianças e jovens, poderão assim se sentir como verdadeiros espectadores, tendo certamente que seguir todas as regras que são inerentes a esses espaços, como não fazer barulho e sentar direitinho na cadeira, como "bons" meninos e meninas. Tudo para que sintam o quão privilegiados são em poder estar ali e para que possam ir formando essa sua condição de apreciadores de arte, graças à empresa da hora, no caso a Monsanto. Na mesma matéria de divulgação podemos ler uma declaração de Christiane Cralcev Bracco, coordenadora de Responsabilidade Social da Monsanto:

Ter a oportunidade de assistir a apresentações culturais pode parecer algo comum, mas é uma realidade muito distante para a maior parte da população brasileira. Avaliando esse cenário, a Monsanto ampliou, neste ano, seus projetos voltados à comunidade, priorizando ações educacionais e acesso a variadas formas de cultura e entretenimento (Circuito..., 2008).

Esse discurso da democratização cultural aparece como um grande mobilizador de público e agregador de valor às empresas. Em 2007, o grupo Votorantim, cujo principal ramo de atividade é a produção de cimento, mas é dono de uma das mais importantes empresas do agronegócio com atuação do Brasil, a Fibria,[27] abriu uma seleção pública para o Programa de Democratização Cultural da Empresa, com foco no acesso cultural.

O apoio às artes, em maior ou menor grau, parece sempre ter sido uma característica do grupo, por afinidade da família Moraes, fundadora do grupo, com o meio artístico.[28] O Grupo é considerado um dos grandes apoiadores de projetos via Lei Rouanet.[29]

Lárcio Benedetti, gerente de desenvolvimento cultural do Instituto Votorantim, explicou assim os motivos do grupo:

> O investimento destinado à produção cultural no Brasil é muito maior que os recursos aplicados no acesso ao que é produzido. O que a Votorantim pretende é contribuir para o equilíbrio desta equação, apoiando ações que tornem a população participante da cultura, seja por meio de projetos de exibição, circulação, práticas e até formação artística (Programa..., 2007).

Como justificativa, foram apresentados os dados referentes ao acesso cultural no Brasil que comprovam esse desequilíbrio, segundo os quais as classes C e D/E da região metropolitana de São Paulo na sua maioria nunca tinha assistido a uma apresentação de música erudita ou mesmo a uma sessão de cinema. Para a empresa, a democratização da cultura se coloca assim como uma causa. Mas, mesmo assim, os recursos utilizados, cerca de R$ 4 milhões, foram oriundos de renúncia fiscal. Para os projetos serem aprovados, destacam-se alguns critérios:

---

[27] A Fibria surgiu em 2007 como resultado da compra pela Votorantim Celulose da Aracruz Celulose.

[28] Antônio Ermínio de Moraes era escritor e muito envolvido com o mundo das artes.

[29] Segundo informações do sistema SalicNet, o grupo Votorantim já teria incentivado projetos no valor total de aproximadamente R$100 milhões de reais (Brasil, 2015).

As ações devem estimular o interesse e ampliar o acesso dos jovens, prioritariamente, às manifestações artísticas das mais diversas áreas. Os conteúdos devem ser atrativos e apresentados em locais de fácil acesso, de forma gratuita ou a baixo custo. Todas as áreas culturais podem ser contempladas – artes visuais, artes cênicas, música, literatura, cinema e vídeo e patrimônio – desde que objetivem a fruição de conteúdos culturais pelo público (Programa..., 2007)

Além de selecionar projetos das diferentes regiões do país, o Programa contou ainda com pelo menos mais dois grandes produtos sobre a temática, um Seminário Internacional sobre Democratização Cultural, realizado em agosto de 2007, com posterior publicação das palestras[30] e a elaboração e manutenção de uma página na internet com conteúdo afim, o blog Acesso – o Blog da Democratização Cultural,[31] mantido pelo Grupo Votorantim. Os debates e reflexões produzidos e divulgados nesses espaços têm como objetivo promover o debate, mas também estimular o meio empresarial a patrocinar este tipo de projetos que são em geral bem avaliados do ponto de vista dos resultados de publicidade das marcas. Afinal, quem vai ser contra a democratização da cultura?

Observando os dados relativos à política cultural brasileira no momento posterior à redemocratização do país, verifica-se que do ponto de vista do financiamento das artes e da cultura, tem havido uma grande concentração na distribuição dos recursos. E pela falta de orçamento direto do Ministério da Cultura, operacionalizado via o Fundo Nacional de Cultura, o principal mecanismo de financiamento tem sido a Lei Rouanet. Como

---

[30] A publicação na íntegra das palestras do I Seminário Internacional de Democratização Cultural, realizado em agosto de 2007, no Theatro São Pedro, em São Paulo, resultou no caderno "Acesso à Cultura e promoção da Cidadania" que está disponível no Blog Acesso – o Blog da Democratização Cultural (Seminário Internacional de Democratização da Cultura, 2007).

[31] O endereço do Blog Acesso é: <http://www.blogacesso.com.br/>.

esta serve a interesses privados, nunca pode estar a serviço de uma política cultural com um caráter nacional. Assim, os dados apontam que:

> De 1993 a 2009, praticamente 80% dos recursos captados pela Lei Rouanet foram destinados a projetos no Sudeste. Enquanto isso, a região Norte recebeu menos de 1% do total e a Centro-Oeste, 3,2%. A concentração é muito maior do que a concentração populacional ou do PIB. O Sudeste, com 41% da população e 56% do PIB brasileiro, representa 79,8% dos recursos da Lei Rouanet. Já o Nordeste possui 27,9% da população, mas apenas 6,2% dos recursos da lei. Há ainda concentração dentro de cada região e, em cada cidade, os bairros mais ricos são privilegiados (Augustin, 2011).

Muitos defensores da Lei de Incentivo Fiscal apontam que esses dados não são reveladores da real distribuição dos recursos, uma vez que muitos projetos seriam computados como região Sudeste apenas porque os seus proponentes têm sede aí, mas os projetos seriam executados em todas as regiões do país, havendo assim uma correção dessa suposta desigualdade na hora de aplicar os recursos verdadeiramente.

Realmente isso é um fato. Os projetos apoiados pelas empresas do agronegócio são talvez os melhores exemplos de que isso acontece: são projetos elaborados e executados por produtoras culturais, ou pelas fundações e institutos ligados às empresas, que estão localizados em São Paulo ou Rio de Janeiro na sua maioria, mas acontecem lá nos municípios onde as empresas têm suas unidades. Veja-se o caso do Museu Itinerante da Monsanto cujo proponente é de São Paulo, mas que já realizou as exposições em quase trinta cidades de dez Estados das regiões Sul, Sudeste, Centro-Oeste e Nordeste.

Olhando deste ponto de vista, parece que o recurso é bem distribuído por quase todo o país. No entanto, estes dados não deixam também de ser reveladores da falácia contida no discurso e nas políticas de democratização cultural do jeito que as empresas as apresentam. O recurso é distribuído em parte – porque uma grande parcela do orçamento desses projetos é pagamento de pessoal e custos operacionais das produtoras, o que faz com que a maior fatia do bolo fique realmente na região Sudeste. A grande maioria dos projetos, mesmo sendo realizados em todo o país, são idealizados por produtores culturais em salas de grandes condomínios fechados nas grandes capitais. Mesmo que alguns realizem pesquisa de campo para saber a melhor forma de adequar o projeto às demandas de projeção de imagem das empresas que os irão patrocinar, o que conta na hora de elaborar são justamente esses interesses das empresas e não as necessidades e anseios das populações que serão "beneficiadas" com os projetos. Se assim não fosse, seria impensável que comunidades com trajetórias e identidades tão diversas (como as de trinta cidades de dez Estados de quatro grandes regiões) demandassem um projeto igual ou quase igual,[32] como se tratasse de uma massa homogênea de gente.

O discurso de democratização cultural esconde assim uma postura autoritária e vertical de decisões, mesmo quando parte do Estado, no sentido dessa imposição externa às demandas da sociedade (Lacerda, 2010).

Alguns pesquisadores e teóricos buscam fazer a separação conceitual entre democratização cultural e democracia cultural. Mas muitas vezes no senso comum, e mesmo do ponto de vista dos formuladores das políticas culturais, essa separação não aparece. Em parte, isso se deve ao fato dessa terminologia ter sido apropriada pelo meio empresarial, embora com objetivos

---

[32] Quase, porque vários projetos têm como estratégia também dialogar com os artistas locais e, muitas vezes, mantendo o corpo central da exposição agregam a este as obras de algum artista local, como é o caso de algumas edições do Museu Itinerante da Monsanto.

diferentes dos movimentos culturais, gerando confusões que interessam à manutenção do poder.[33]

O próprio Ministro da Cultura, Juca Ferreira, numa entrevista à Agência de Comunicação Espanhola EFE, diz que "'o esforço de democratizar a cultura' no Brasil 'não é um lema vazio' e que seus instrumentos para isso são o diálogo e a participação de todos" (Democratizar..., 2015). E continua

> No Brasil 'pouco mais' de 5% da população já entrou em um museu e 'algo em torno' de 13% vai ao cinema. São números que 'dentro do processo de democratização do país, nos impõem uma estratégia muito poderosa para fortalecer o acesso à cultura, que esteja disponível para toda a população' (Democratizar..., 2015).

Mesmo sendo um grande impulsionador do Programa Cultura Viva, o ministro não deixa de evidenciar o princípio da democratização cultural pela perspectiva do acesso e da fruição dos bens culturais, deixando de se referir aos processos de produção cultural tão importantes para a formação dos seres humanos e para um processo real de democratização. Mesmo em sua face aparentemente mais progressista, o sentido de democratização cultural está associado ao consumo, e não à produção cultural pelas comunidades.

O modo de produção contemporâneo, que tem no agronegócio um dos pilares centrais, de produção de alimentos como mercadoria, com preço regulado em bolsa de mercado, na medida em que expropria comunidades de seus territórios para expansão dos monocultivos, visa por meio da cultura imprimir fachada civilizatória à sua dinâmica, se beneficiando dos me-

---

[33] Nos movimentos populares e culturais, o sentido é de socialização dos meios de produção e/ou de preservação da tradição, de domínio do como fazer uma determinada manifestação se perpetuar agregando os membros da comunidade. Há uma preocupação com o processo de produção e não apenas com o produto final e o acesso a este.

canismos estatais que fortalecem o financiamento privado da cultura.

O Ministério da Cultura, em especial no primeiro governo da Presidenta Dilma com a gestão de Ana de Holanda/Marta Suplicy (2011 a 2014), parecia, sim, apostar numa "democratização cultural de mercado". Foi criada uma Secretaria da Economia Criativa (janeiro de 2011), que consolida essa tendência de valorização da cultura a partir da lógica do mercado e como importante fonte de lucro. Uma das grandes políticas implementadas foi o Programa de Cultura do Trabalhador, mais conhecido como Vale-Cultura – que "dá a oportunidade para que mais pessoas tenham acesso a espetáculos, *shows*, cinema, exposições, livros, música, instrumentos musicais e muito mais" (Brasil, 2016b). Trata-se de "um benefício de R$50,00 mensais concedido pelo empregador para os trabalhadores (com carteira assinada)",

> o foco são aqueles que recebem até cinco salários mínimos, para estimular o acesso à cultura aos cidadãos de baixa e média renda [e] as empresas tributadas com base no lucro real poderão deduzir até 1% do imposto de renda se concederem o Vale-Cultura a seus empregados (Brasil, 2016b).

O balanço apresentado dia 01 de fevereiro de 2016 mostra que em dois anos e meio o programa já beneficiou 465 mil trabalhadores de mais de 1,2 mil empresas (Vale..., 2016). Além de ter na tônica o estímulo ao consumo de bens culturais, o programa deixa o cidadão "livre" para gastar no que quiser, podendo juntar o benefício de vários meses para comprar uma coleção contendo dez livros de Paulo Coelho lacrados por R$ 269,90 na Loja do Som[34] ou assistir a um *show* de Luan Santana no Parque

---

[34] Loja do Som, 2016. Disponível em: <http://www.lojadosom.com.br/shopping/comprar-49199_br/Loja-dePaulo_Coelho/>. Acesso em: 22 jan. 2016.

de Exposições de Muriaé (MG) pelo preço de R$ 66,00, sendo esse preço o ingresso para a pista comum.[35]

Como no campo apenas uma minoria é trabalhador de carteira assinada, este é mais um dos programas que não chega até à população rural, deixando vago um espaço que as empresas estão aprendendo a usar.

No que diz respeito ao meio rural no Brasil, as alternativas que se buscaram construir nos últimos anos também não têm conseguido alavancar. Alguns programas com investimento direto do Estado, via Minc, através de editais públicos, como foi o caso do Programa Cultura Viva, têm buscado valorizar as manifestações culturais locais, mas também estimulado a participação das comunidades na definição das diretrizes culturais, garantindo não só o acesso, mas também a produção cultural por parte delas.

No entanto, vários limites estão colocados também a este programa, tais como: o baixo orçamento; a burocracia estatal carregada de exigências legais que impossibilitam vários grupos locais de participar – ou participando, muitas vezes, os conduzem a situações de inadimplência; ou mesmo a falta de capacitação para lidar com a organização do fazer cultural.

Um levantamento do próprio Minc apontou que apenas 94 Pontos de Cultura (Pinto, 2015) dos 4.502 em funcionamento em 2014 (Brasil, 2016a) se identificaram como Pontos de Cultura Rural, o que mostra o limite da política chegar a todo o território e sujeitos.

No outro lado dessa falácia está o interesse velado das corporações em criar hegemonia nos territórios onde atuam. Tomemos como exemplo a cidade de Sorriso, no Estado do Mato

---

[35] Ingressosweb, 2016. Disponível em: <http://www. ingressosweb.com/luan-santana-em-muriae-2015/>. Acesso em: 22 jan. 2016.

Grosso, batizada oficialmente[36] como a Capital Nacional do Agronegócio por ser o maior produtor individual de soja do país e do mundo (Sorriso, 2016). A cidade tem pouco mais de oitenta mil habitantes e, embora esteja localizada já na região Amazônica, apresenta indicadores sociais invejáveis com um IDH-M de 0,824, considerado muito alto (PNUD/2000), certamente devido ao fato de o agronegócio ter levado até ao município uma mão de obra técnica altamente qualificada e bem remunerada.

No município, encontram-se instaladas multinacionais como Archer Daniels Midland (ADM), Bunge, Cargill, Dreyfus, Noble e Glencore, além de empresas regionais como Amaggi, Coacen, Fiagril, Multigrain, Ovetril entre outras. Segundo o *site* Wikipedia, desde 2004, Sorriso possui um *shopping center* Park Shopping Sorriso, com 65 lojas-satélite e um cinema.

Milton Santos (2001, p. 293) chama a atenção para o fato de que:

> A presença numa localidade de uma grande empresa global incide sobre a equação do emprego, a estrutura do consumo consumptivo e do consumo produtivo, o uso das infraestruturas materiais e sociais, a composição dos orçamentos públicos, a estrutura do gasto público e o comportamento das outras empresas, sem falar na própria imagem do lugar e no impacto sobre os comportamentos individuais e coletivos, isto é, sobre a ética (Santos, 2001, p. 293).

Embora o sistema SalicWeb mostre poucos projetos em que o proponente seja desse município, esta parece ser uma das cidades do interior que mais recebem ações culturais financiadas via Lei Rouanet. E o recurso vem dessas empresas do agronegócio, e é executado por produtoras culturais da região Sudeste.

Sorriso parece ser a "cidade da vez", o que não quer dizer que num futuro próximo as empresas não se mudem para outro lugar, caso lhes convenha, para uma maior obtenção do seu lucro.

---

[36] Em 2012, o título foi publicado no Diário Oficial da União.

Por isso, em geral, os investimentos nessas cidades do interior nunca são em equipamentos culturais permanentes, como construção de salas de teatro ou cinema ou bibliotecas públicas, e são quase sempre em projetos de "itinerância", que passam e seguem para outras cidades, só voltando, quem sabe, se ainda for de interesse, num próximo ano.

Isso não quer dizer que as empresas do agronegócio não invistam em patrimônio, mas que esse investimento apenas é feito em lugares que lhes garantam bastante visibilidade da marca e uma boa política de relações públicas, em geral, em grandes cidades, como a já referida revitalização do Teatro Guarany em Santos, que contou com o patrocínio da Bunge e da Copersucar, entre outras.

Arte e Cultura – mecanismos para construir a hegemonia

A "massificação" da arte erudita

Os patrocínios, por parte do agronegócio, envolvem atividades culturais de caráter bem diverso. Vão desde financiamento de grandes musicais ou orquestras nas principais capitais até a promoção de oficinas em comunidades bem interioranas.

Pensando em termos de tendências, teríamos uma que seria o patrocínio a atividades que visam difundir a chamada "arte culta", em que as empresas associariam seu nome a ações culturais de "elevado valor". O principal objetivo seria garantir prestígio ao agronegócio, coisa que, segundo Bruno, este ainda não obteve (2012, p. 4). Exemplos são o patrocínio à Companhia Brasileira de Ballet e ao Conservatório Brasileiro de Dança, pelo Grupo JBS – Friboi (JBS..., 2013), e o apoio ao Museu de Arte de São Paulo Assis Chateaubriand (Masp) pela Raízen. Mas nesta área talvez o mais recorrente sejam os patrocínios às Orquestras, sejam elas as mais conhecidas do país, como a Orquestra

Sinfônica do Estado de São Paulo (Osesp), que tem e/ou já teve patrocínio do Grupo Votorantim, da Basf, da Bayer, da Bunge, entre outros (Parceiros..., [2013]), sejam orquestras mais locais, como a Orquestra Sinfônica do Mato Grosso, que recebe recursos de renúncia fiscal da Agro Amazônica, Amaggi, Aprosoja-MT e Basf (Patrocínio, 2013). As orquestras e a música clássica continuam sendo um dos principais símbolos da cultura erudita à qual apenas a classe dominante historicamente teve acesso. A par com a fruição estética da música, e muitas vezes mais importante que ela, as apresentações, que se dão quase sempre em grandes salas de espetáculo, são associadas a um vasto conjunto de rituais que têm a principal função de reforçar a identidade e as relações entre esse grupo dominante.

A presença dos principais dirigentes das empresas do agronegócio nestes círculos da classe dominante fortalecem suas relações públicas, o *lobby* político e o *marketing* através da associação das marcas a esses grupos artísticos renomados. Mas também reforça a ideia de que o agronegócio se modernizou, garantindo distinção social e uma condição de elite a seus presidentes e diretores, buscando afastar cada vez mais a imagem de fazendeiros "ignorantes" e "bota suja" para serem aceitos numa elite sofisticada e culta.

A música clássica e a cultura dita erudita cumprem também o papel de divulgar para um "outro público", "menos conhecedor", o nome das empresas patrocinadoras. Assim, caminhões que se transformam em "salas de espetáculos itinerantes" ou grandes palcos montados em praças ou estruturas públicas, em várias cidades do Brasil, levam essas apresentações para fora dos espaços tradicionais como forma de realizar uma política de relações públicas com os diversos atores sociais que atuam nessas comunidades: classes dominantes, poder público, intelectuais e artistas, trabalhadores.

A empresa japonesa Ihara, produtora de agrotóxicos, comemorou seus cinquenta anos em 2013, com a realização de uma série de cinco concertos, os Concertos Ihara,[37] com Zezé Di Camargo & Luciano em apresentação com orquestra. Também se apresentavam a dupla Sá & Guarabira e a abertura com uma atração em formato instrumental. Os concertos aconteceram em seis cidades do agronegócio, Campo Mourão (PR), Santa Maria (RS), Sorocaba (SP) – sede da empresa –, Três Pontas (MG), Sorriso (MT) e Luiz Eduardo Magalhães (BA), com apoio das Prefeituras locais. O projeto contemplou ainda a realização de palestras sobre música instrumental (SP: Ihara..., 2015).

É a aposta da empresa no uso de cantores de referências distintas: uma das duplas sertanejas mais famosas do Brasil, fortemente vinculadas à cultura do agronegócio; uma dupla de música mais *cult*; e uma orquestra sinfônica, símbolo de cultura erudita. Além de tentar atrair diferentes públicos para o evento, a proposta do *show* passa a imagem de um certo refinamento da música sertaneja pela presença da orquestra e de um estilo de música "mais intelectual", num processo semelhante ao do agronegócio, que modernizou a agricultura, emprega hoje um pequeno grupo de mão de obra altamente qualificada e tem seus representantes inseridos numa elite nacional e internacional que têm como "cultura" comum a música clássica e instrumental. A Página Rural, portal da internet sobre agronegócio, informava ainda que os artistas estariam presentes em todos os eventos,

> como um jantar comemorativo que reunirá cerca de 450 pessoas, entre clientes, acionistas, conselheiros, fornecedores, pesquisadores, autoridades e imprensa (SP: Ihara..., 2015).

---

[37] A empresa criou um blog para divulgar as atividades do projeto: <http://concertosbrasilihara.blogspot.com.br/>.

Os concertos foram realizados com recursos públicos oriundos de renúncia fiscal, embora mais uma vez essa informação não seja esclarecida. Na página do Facebook do projeto, alguém questionou o fato de estar sendo gasto dinheiro com a realização dos *shows*, e logo duas internautas comentaram: "Devíamos é agradecer por nossa cidade ter sido escolhida para receber esse evento Quem traz o *show* é Ihara uma empresa de insumos agrícolas, não há dinheiro público envolvido. A prefeitura está apoiando o evento cedendo o local" e "Não é do dinheiro público, foi presente de uma empresa. Procurem informar-se para não falar o que não sabe" (Concertos..., 2015). A empresa aparece como a grande benfeitora perante a população, que agradece e passa inclusive a defendê-la. Além disso, o financiamento do projeto parece revelar uma tática da empresa de firmar o compromisso dos seus funcionários: o valor total do incentivo foi de R$ 2 milhões, sendo que R$1,922 milhão foi obtido através da renúncia fiscal da empresa e o valor restante, cerca de R$ 80 mil, foram deduzidos do imposto de renda de pessoa física de 44 funcionários e diretores da empresa.[38]

Em janeiro de 2015, durante as atividades de nomeação do Diretor da Escola Superior de Agronomia Luiz Queiroz da Universidade de São Paulo (ESALQ-USP), foi realizado um espetáculo da Bachiana Filarmônica Sesi, regida pelo famoso Maestro João Carlos Martins – em parte conhecido pela sua história de superação pessoal.

A matéria do Jornal de Piracicaba do dia seguinte à atividade tem como título principal "Público ovaciona Bachiana na Esalq", e logo no entretítulo é possível ler "Com patrocínio

---

[38] Dos 44 incentivadores que eram pessoas físicas, fizemos uma pesquisa sobre os 15 que deduziram valores maiores e todos eles tinham alguma relação com a empresa. Dados obtidos a partir do sistema Salicweb (Brasil, 2015).

da Raízen evento reuniu autoridades e comunidade" (Archilli, 2015). A jornalista refere que dentro desse lema foi possível atingir um público diversificado, formado por adultos, jovens, crianças e idosos, na perspectiva da "missão" de democratização da música da Bachiana.

Na matéria pode ler-se ainda que:

> A apresentação, que ocorreu no gramado em frente ao edifício central da Esalq, foi realizada [pelo] Ministério da Cultura com patrocínio da Raízen e apoio da USP (Universidade de São Paulo), Esalq, Semac (Secretaria Municipal de Ação Cultural) e Fundação Bachiana. Este foi o primeiro evento cultural do ano com o patrocínio da Raízen. 'Abrimos 2015 com o pé direito. A presença de uma pessoa ilustre, que é um exemplo de superação, se apresentando na Esalq, um símbolo de Piracicaba', afirmou o vice-presidente de etanol, açúcar e bioenergia da Raízen, Pedro Mizutani (Archilli, 2015).

A referência ao Ministério da Cultura aparece porque o patrocínio da Raízen (à orquestra e não só a esta atividade) foi realizado via Lei Rouanet, isto é, recursos federais. Houve também apoio da USP e ESALQ, em logística e divulgação, como recursos estaduais, e da Secretaria Municipal de Cultura, recursos locais. Ou seja, recursos públicos de todos os níveis administrativos, mas o grande destaque de divulgação é à Raízen, empresa transnacional de produção de combustíveis.

Na continuidade da matéria, uma informação chama a atenção: o próprio Mizutani, da Raízen, fez parte da apresentação musical cantando o clássico *My Way*, de Frank Sinatra, em japonês, acompanhado por Martins ao piano e orquestra, antes das apresentações de clássicos de Mozart e Beethoven e peças mais populares (Archilli, 2015). As empresas, além de decidir o que financiar, intervêm diretamente no "produto" a ser financiado, dando espaço, neste caso, para a visibilidade marca e de seus diretores, chamando bem mais a atenção do que se tratasse de um simples patrocínio. Não deixa de ser um elemento que vai gerar comentários, e mesmo destaque da mídia, como foi o caso do *Jornal de Piracicaba*, ter alguém a cantar em japonês, ainda mais um representante da empresa que financia a apresentação. Quem foi até à Esalq aquela noite esperando ver um concerto da Bachiana, no mínimo se surpreendeu com esse "presente" da Raízen. A classe dirigente do agronegócio, que diferente dos velhos fazendeiros, muitas vezes é desconhecida da população em geral, se faz aqui aparecer através da arte, criando ao mesmo tempo uma "humanização" da empresa e uma consequente proximidade e simpatia com a comunidade.

O teatro também é usado pelas empresas do agronegócio como um meio para passar a sua mensagem e concepção de mundo. Novamente a Ihara é um bom exemplo. Dizia assim a matéria de divulgação da peça *Irmãos, irmãos... Negócios à parte!*:

> A Ihara, tradicional fabricante de defensivos agrícolas, anuncia o apoio, por meio da Lei Federal de Incentivo à Cultura (Lei Rouanet), ao espetáculo *Irmãos, irmãos... Negócios à parte!*, como uma das ações comemorativas aos 50 anos da empresa. Apaixonada pela arte brasileira, a companhia espera que o patrocínio possa valorizar ainda mais as produções teatrais. 'A Ihara acredita que os movimentos culturais são essenciais para o desenvolvimento da população e do país. Para nós esse é um dos caminhos para o crescimento', destaca Júlio Borges Garcia, presidente da Ihara (Ihara, 2015).

O elenco é formado por Paulo e Flávio Guarnieri, filhos de Gianfrancesco Guarnieri. A peça conta a história de dois irmãos que só se conhecem após a morte do pai, quando precisam cumprir o desejo deste de ser enterrado na fazenda. As várias situações divertidas mostram "a distância e a falta de informação do homem da cidade em relação ao campo e vice-versa" (Ihara, 2015).

Gianfrancesco Guarnieri, que participa da peça "*in memorian*" por meio de fotografia, foi um importante ator e dramaturgo cuja produção artística é marcada pela denúncia dos problemas sociais e uma perspectiva de transformação social. Uma de suas obras mais conhecidas (peça de teatro e depois filme), "Eles não usam *Black-tie*", foi o primeiro texto nacional a abordar a vida de operários em greve, levando aos palcos os problemas sociais causados pela industrialização, entre eles a luta por melhores salários. Carrega assim esse simbolismo de luta social e de uma arte contestatória, características que agora, no trabalho dos filhos – mas que buscam associar à imagem do pai – não se encontram mais. Ao serem financiados por uma empresa transnacional, mesmo que não o quisessem, os atores tomam posição de um dos lados da luta de classes, neste caso do lado da classe dominante. E não só, aceitam fazê-lo mesmo que isso interfira diretamente no seu trabalho artístico.[39] Segundo o presidente da Ihara:

> Participamos diretamente do desenvolvimento do enredo da peça de forma a trazer o tema campo para o teatro e valorizar o papel da agricultura através da linguagem alegre da comédia (Ihara, 2015).

As "necessidades" das empresas na construção de um imaginário social que lhes convém fortalecer vão direcionando a produção artística do país, que cada vez mais é parte de um projeto político, apesar de não se perceber como tal.

Dentro desta tendência, é possível identificar também a promoção de ações que buscam tornar conhecida e acessível essa

---

[39] Reproduzo aqui o comentário via e-mail de Villas Bôas: "Note-se que essa forma de apropriação do trabalho de artistas progressistas ocorre desde o golpe de 1964, mais precisamente no momento em que a Rede Globo passa a empregar os homens e mulheres de teatro que estavam sem conseguir trabalhar por conta da censura e repressão, e lhes oferece a oportunidade de desenvolver no campo da telenovela, e para milhões, o que faziam antes para um publico muito reduzido nos teatros. Nesse aspecto, Dias Gomes, Guarnieri, Vianinha, Nelson Xavier foram para a indústria cultural por dois motivos: por necessidade de sobrevivência (emprego) e por acreditarem que aquele seria ainda um campo de disputa simbólica a ser travado. Então, na verdade, o que acontece com os filhos de Guarnieri é a continuação do que já tinha acontecido com o pai, que terminou a vida como ator de telenovela da Globo. O rompimento foi há décadas."

"arte culta" à população, divulgando obras de arte de grandes artistas internacionalmente reconhecidos.

Um exemplo que vale ressaltar é o já referido Museu Itinerante da Monsanto, cujo tema principal é a água e a sua importância para a vida humana.

> Segundo Vita Parrião, o Museu Itinerante é um projeto concreto de descentralização cultural, constituído por uma exposição de reproduções de obras de arte, aliado a uma proposta de arte voltada para a educação multidisciplinar, propondo o ensino das artes como parte do processo de conhecimento, integrando os saberes e os tornando mais atraentes. 'O nosso desafio é permitir o direito à arte a quem não tem acesso a museus e instituições culturais. Defendemos a importância de educar a percepção da nossa comunidade para olhar a arte como uma forma de comunicação pensada e criada para dizer algo, que muda o íntimo das pessoas', destacou ela, concluindo em seguida: 'No período em que o Museu Itinerante permanecer em Porto Nacional, serão convidados artistas locais para expor seus trabalhos como forma de valorização da cultura da nossa sociedade. Estudantes universitários e professores também serão convidados para participar de *workshop* e através de seleção alguns deles serão contratados para realizar a mediação da exposição'(Porto..., 2015).

Em cada localidade por onde passa, o projeto é realizado com o apoio institucional das Prefeituras Municipais, quase sempre por meio das Secretarias Municipais de Educação e de Cultura. É considerada assim uma parceria de interesses mútuos: as empresas, que já não tinham despesa com o projeto, visto que o recurso aportado é oriundo de renúncia fiscal, conseguem todo o apoio logístico e mesmo de divulgação a partir do poder público local; este, por sua vez, aparece perante a comunidade e os eleitores como realizador de atividades culturais, sem que tenha para isso que destinar grandes valores para o orçamento da cultura – embora em alguns casos é possível que o parco orçamento da pasta seja gasto em contrapartida desse tipo de projeto – ou mesmo ter uma estrutura institucional que lhe permita realizar ações desse porte. Embora apareçam como "oportunidades" para os municípios, esse tipo de projeto acaba induzindo a uma mudança da destinação do gasto público, e mesmo criando um padrão de como devem ser realizadas essas atividades, que em geral reforçam o seu caráter de espetáculo: a exposição tem que ser inaugurada durante um coquetel, com a presença de autoridades, deve ser apresentada durante uma coletiva de imprensa, deve ter "monitores" que expliquem o que está sendo visto, entre outros.

Abaixo listamos as localidades onde o projeto foi realizado com o apoio da empresa Monsanto. É possível verificar pela coluna à direita que estas exposições e atividades com professores e alunos são realizadas quase sempre nos municípios onde a empresa tem as suas unidades. Assim, essa descentralização cultural, anunciada pela responsável pelo projeto, se limita aos Estados e municípios de interesse direto da empresa e não tem a ver com um princípio geral de direito de acesso aos bens culturais e ainda menos ao direito à condição de produtores de cultura que cada ser humano deveria ter garantido.

**Quadro 6 – Localidades onde foi realizado
o projeto Museu Itinerante da Monsanto**

Localidade	Data	Parceiros	Unidade Monsanto
2013			
Petrolina /PE	12/03 a 04/04	Univasf	Sim
Salvador/BA	09 a 28/04	Centro Social Urbano (CSU) - Bairro Pernambués	Próximo a Camaçari
Sinop/MT	15/05 a 07/06	Sindicato das Indústrias Madeireiras do Norte do Estado de Mato Grosso	Próximo a Sorriso
Rondonópolis/MT	11 a 30/06	Rondon Plaza Shopping	Sim

Paracatu/MG	28/ 08 a 17/09	Casa de Cultura de Paracatu	Sim
Londrina/PR	26/09 a 13/10	Biblioteca Municipal de Londrina	Sim
Passo Fundo/RS	18/10 a 14/11		Próximo
Chapecó/SC	26/11 a 17/12		Não
2014			
Dourados/MS	04/04 a 02/05	Teatro Municipal de Dourados	Sim
São Gabriel do Oeste/ MS	06 a 29/05		Próximo a Chapadão do Sul
Nova Andradina/ MS	09 a 30/09	Museu Histórico Municipal	Não
Formosa/GO	21/10 a 05/11		Próximo a Brasília
2015			
São Paulo	09 a 27/03	Shopping das Nações Unidas, Prefeitura Municipal	Sim
Santa Cruz das Palmeiras/SP	03 a 29/03	Centro de Lazer do Trabalhador Prefeitura Municipal, SME e SMC	Sim
Morrinhos/GO	09/04 a 12/05	Centro Administrativo da Prefeitura Morrinhos, SME e SMC	Sim
Porto Nacional/TO	14/04 a 10/05	Prefeitura SMC e SMTur	Sim
Santa Helena de Goiás/GO	22/05 a 11/06	Câmara Municipal, Prefeitura Municipal, SME e SMC	Sim
Cachoeira Dourada	19/05 a 11/06	Prefeitura Municipal, SME e SMC	Sim
Uberlândia/MG	17/06 a 5/07	Center Shopping, Prefeitura Municipal, SME e SMC	Sim
Rolândia/PR	18/08 a 03/09	Espaço Viva Viva, Prefeitura Municipal, SME e SMC	Sim
Sertão/RS		Centro Cultural 5 de Novembro	Sim

Fonte: Quadro elaborado pela autora a partir de informações da internet (nov. 2015).

Pelo quadro é possível ver que as empresas criam uma rede de relações de sustentação, fazendo vínculos de parceria que lhes garantem, em geral, toda a logística e infraestrutura local, mas também uma ampla divulgação e um público garantido de escolas. As empresas se fortalecem e criam um micropoder local, uma vez que são elas que estão impondo a pauta e os outros apenas seguem. Mesmo numa cidade como São Paulo, que tem a maior oferta cultural do país, a Prefeitura (por sinal à data de 2015, governada pelo Partido dos Trabalhadores) se vê "obrigada" a ser parceira da atividade, por uma questão de troca de favores, e aparece como apoiadora da atividade que foi realizada em um *shopping center*. É o poder público financiando e garantindo as condições de realização de divulgação do agronegócio em um templo do consumo.

A propósito, vale trazer as reflexões de Milton Santos e Maria Laura Silveira (2001), quando falam da privatização do território por parte das empresas.

> Na medida em que essas grandes empresas arrastam, na sua lógica, outras empresas, industriais, agrícolas e de serviços, e também influenciam fortemente o comportamento do poder público, na união, nos estados e nos municípios, indicando-lhes formas de ação subordinadas, não será exagero dizer que estamos diante de um verdadeiro comando da vida econômica e social e da dinâmica territorial por um número limitado de empresas. Assim, o território pode ser adjetivado como um território corporativo, do mesmo modo que as cidades também podem ser chamadas de cidade corporativas, já que dentro delas idênticos processos se verificam (Santos; Silveira, 2001, p. 291).

Esse processo de territorialização e comando se dá muitas vezes antes de ou concomitante à chegada da empresa no território, como forma de "preparar o terreno" e os "corações e mentes". Olhando o Quadro 6, é possível ver que o Museu Itinerante da Monsanto passou por Petrolina em março/abril de 2013. Nesse mesmo período, a empresa inaugurou uma estação de pesquisa de tecnologias na cidade pernambucana, sua 36ª unidade no Brasil, que está voltada à incorporação de biotecnologia e melhoramento genético para algumas culturas, em especial o milho, mas futuramente também soja, algodão, sorgo, cana-de-açúcar e hortaliças.

Como antigamente alguém que se mudava de bairro e ia conhecer os vizinhos novos levando um pedaço de bolo, a Monsanto já chega levando não só investimento para a região (cerca de US\$ 20 milhões), como "cultura para as comunidades", buscando criar uma percepção totalmente favorável à sua atuação. Mesmo quando vários grupos se mostravam contrários à sua implementação e ao seu funcionamento.[40]

Da mesma forma, a Sadia, empresa de produção de alimentos frigoríficos, que hoje faz parte do grupo Brasil Foods (Brf), promoveu um concerto em praça pública com o pianista Arthur Moreira Lima em Vitória de Santo Antão no final de 2008 (Pianista..., 2008), poucos meses antes de inaugurar, em março de 2009, a sua nova fábrica no Nordeste (Sadia..., 2009). Neste caso, literalmente, o Ministério da Cultura (leia-se o dinheiro público) "apresenta" não só a música, mas principalmente as empresas.

Cinema Itinerante: uma fórmula de sucesso no interior

Os projetos de cinema itinerante são talvez os mais comuns entre os patrocínios das empresas voltados para as comunidades de cidades do interior. Talvez por terem uma "fórmula" relativamente simples: montar a estrutura de exibição (em geral, a partir de um caminhão e com apoio local), convidar as pessoas e passar os filmes. Mas também, provavelmente, pela magia que o cinema causa, mesmo nos dias de hoje em que a tecnologia está tão avançada e uma parte considerável da população tem acesso a filmes via televisão e internet, e por isso atrai muita gente. Em-

---

[40] Em outubro de 2013, cinco mil integrantes do Movimento dos Pequenos Agricultores (MPA) ligados à Via Campesina ocuparam a Unidade de Pesquisa da Monsanto em Petrolina protestando contra a produção de transgênicos e agrotóxicos (Agricultores..., 2013).

bora hoje esteja vinculado a uma vida predominantemente urbana, o cinema já teve grande presença nas cidades do interior.

> O Brasil já teve um parque exibidor vigoroso e descentralizado: quase 3.300 salas em 1975, uma para cada 30.000 habitantes, 80% em cidades do interior. Desde então, o país mudou. Quase 120 milhões de pessoas a mais passaram a viver nas cidades. A urbanização acelerada, a falta de investimentos em infraestrutura urbana, a baixa capitalização das empresas exibidoras, as mudanças tecnológicas, entre outros fatores, alteraram a geografia do cinema. Em 1997, chegamos a pouco mais de 1.000 salas. Com a expansão dos *shopping centers*, a atividade de exibição se reorganizou. O número de cinemas duplicou, até chegar às atuais 2.200 salas. Esse crescimento, porém, além de insuficiente (o Brasil é apenas o 60º país na relação habitantes por sala), ocorreu de forma concentrada. Foram privilegiadas as áreas de renda mais alta das grandes cidades. Populações inteiras foram excluídas do universo do cinema ou continuam mal atendidas: o Norte e o Nordeste, as periferias urbanas, as cidades pequenas e médias do interior (Agência Nacional do Cinema, 2012).

Esse fato abriu espaço para que projetos de exibição itinerantes fossem se consolidando e crescendo. Caíram como luva para as empresas do agronegócio que têm uma atuação em regiões fora dos grandes centros e precisam fazer um diálogo com as comunidades afetadas pela sua atuação.

A empresa Cinemagia – que faz parte do Grupo Europa Filmes, e é a executora do projeto CineMonsanto – surgiu em 2003, com o objetivo, segundo seu diretor-geral, Matteo Levi, "de levar a magia do cinema para todos, promovendo a inclusão social e o bem-estar cultural em todo tipo de público" (Bracco, 2013). É esse o discurso adotado pelas empresas:

> Esta foi a primeira iniciativa da Monsanto de levar cultura a um número grande de pessoas [...] quem foi ao CineMonsanto faz parte, em sua maioria, das classes C e D, carentes também de cultura e entretenimento. É uma experiência única e encantadora ver a euforia e felicidade do público, formado principalmente por crianças. A maioria nunca foi ao cinema e se sente, durante a apresentação, como

se estivesse vivenciando cada cena. Mas os pais também encontram uma oportunidade única de reunir e integrar a família por conta do cinema (Bracco, 2013).

Os dados divulgados pela própria empresa são de que em 7 temporadas (de 2005 a 2011), o projeto passou por 128 cidades, tendo realizado 861 sessões de cinema e atingido um público de aproximadamente 193 mil pessoas. As apresentações são realizadas nos finais de semana em ginásios e galpões dos municípios, ou mesmo ao ar livre. As sessões são gratuitas e ainda há distribuição gratuita de pipoca e brindes educativos a todos os espectadores.

No cardápio de filmes encontramos bastante variedade, embora sempre dentro de um registro bem comercial.[41] Muitos filmes infanto-juvenis, mas não só, mesclando sucessos nacionais, como *Xuxa e os Duendes 2* e *Lisbela e o Prisioneiro*, com internacionais, a exemplo de *Quem quer ser um milionário* ou *A era do Gelo 2*. Além disso, é possível identificar algumas produções que se aproximam à temática da natureza ou da vida no campo, como é o caso de *Tainá – uma aventura na Amazônia* ou *Dois Filhos de Francisco*, sobre a trajetória de vida da dupla sertaneja Zezé di Camargo e Luciano desde o sonho de seu pai, um agricultor do interior de Goiás que é expulso das suas terras com a família, até ao sucesso milionário dos irmãos na música.

Outras empresas do agronegócio também são incentivadoras de projetos similares, como é o caso da Perdigão que em 2007 apoiou junto com a Petrobras o projeto Cinema em Movimento Ano (VIII), e a Suzano Papel e Celulose que apoia o projeto Cine Tela Brasil.

---

[41] Em CineMonsanto..., 2015, é possível ver outros exemplos de filmes que são exibidos pelo projeto.

Como vários outros projetos, o objetivo principal é a divulgação do nome da empresa e a construção de sua imagem como "amiga" das populações, por isso ações que tenham esse caráter espetacular e de novidade são sempre as mais apoiadas. Não interessa, por exemplo, financiar a implementação de uma sala de cinema nas cidades, porque além de ser mais trabalhoso e demorado, como se tornaria algo permanente, deixaria de chamar a atenção, e o objetivo de publicização da empresa possivelmente perderia força.

Por outro lado, as empresas vêm se dando conta que esses eventos também são muito efêmeros; por isso, a Monsanto na última temporada do projeto distribuiu material pedagógico para as escolas de alguns municípios.

> O objetivo é multiplicar as possibilidades do cinema dentro da sala de aula. Para atingir essa meta, a Monsanto realizará um trabalho educativo, doando DVDtecas com 30 DVDs e um manual de uso de filmes educativos em classe para os professores de cinco cidades. As Secretarias de Educação de cada município indicam onde as sessões de cinema são realizadas, bem como em quais as escolas ou entidades as DVDtecas devem ser instaladas (CineMonsanto..., 2011).

Dessa forma, a empresa estende sua atuação e publicidade para uma ação de mais longo prazo, fortalecendo os vínculos com a comunidade escolar e por consequência com as famílias, influenciando no processo pedagógico e na formação do imaginário de centenas de crianças e adolescentes. É a indústria cultural tomando seu assento nas escolas do interior, através da ação das empresas, em especial do agronegócio. Mas como questionar um projeto que se apresenta como tão generoso e "inofensivo" para a maioria das pessoas?

Oficinas culturais: ensinar a ver e a expressar o agronegócio
Num processo sempre crescente de territorialização do agronegócio, as empresas fazem uso desses projetos e atividades culturais para chegar onde antes nem a energia elétrica chegava.

O projeto "Olhar da Comunidade" é patrocinado pelo Rabobank Brasil, banco especializado em soluções financeiras para o agronegócio, e tem como proposta

> provocar a reflexão sobre a sociedade em que vivemos demonstrada através da fotografia – que será usada para ampliar o olhar e a bagagem cultural, trabalhando temas como cultura, meio ambiente e agricultura (Rabobank, 2013).

Em 2015, o projeto realizou oficinas de arte e fotografia com a temática do agronegócio com 120 crianças e adolescentes de instituições das cidades de Paranapanema (SP), Chapadão do Sul (MT), Campo Florido (MG) e Palmas (TO). Posteriormente, as fotografias passaram a fazer parte de um catálogo que pode ser acessado *online*[42] e de uma exposição realizada em cada uma das localidades. Os organizadores descrevem assim o projeto:

> 'O Rabobank valoriza o potencial dos jovens de transformar a realidade e, consequentemente, contribuir para o futuro do agronegócio, e garantir a produção sustentável de alimentos no mundo. Com a nova etapa do projeto, a comunidade poderá ver o resultado das reflexões de seus próprios jovens a respeito do agronegócio, além de participar desse processo de análise crítica sobre como melhorar o ambiente em que vivem', afirma Fabiana Alves, diretora do Rural Banking do Rabobank Brasil (Rabobank, 2015).

Examinando o catálogo podemos perceber que o projeto valorizou as fotografias que se enquadravam na estética do agronegócio: grandes extensões de terra com determinadas formas geométricas, céu azul, pouca gente ou mesmo nenhuma. As aulas teóricas e práticas, além de ensinarem as técnicas fotográficas – e provavelmente passarem a mensagem de que aqueles que se esforçarem podem vir a fazer da fotografia uma profissão – ensinam também um jeito de olhar e um projeto a divulgar e defen-

---

[42] Catálogo Olhar da Comunidade 2015 está disponível em: <https://drive.google.com/file/d/0BzJNQMDdGec1bEplOVpaSC1zNTA/view>.

der, o do agronegócio – onde também aqueles que se esforçarem podem vir a encontrar uma profissão. Desta forma, a publicidade das empresas no seio das comunidades fica ainda mais fácil, a empresa não precisa falar nada, pois as próprias crianças e jovens farão essa tarefa. E ficarão felizes se num futuro próximo conseguirem um emprego em alguma dessas empresas "benfeitoras". O agronegócio desterritorializou os sujeitos que viviam no campo, e agora leva os seus filhos e filhas para aprenderem a "nova ordem das coisas" nesses territórios.

É comum encontrarmos a promoção de atividades de desenvolvimento de habilidades artísticas, como é o caso das oficinas artístico-culturais que várias empresas patrocinam, e mesmo organizam. Esses tipos de práticas, em geral, são características dos próprios trabalhadores rurais e de pequenas comunidades, uma vez que a maioria era ligada diretamente ao trabalho da roça, como as cantorias, as danças, os bordados e a culinária. Nos dias de hoje, continuam sendo incentivadas e organizadas pelos movimentos sociais e grupos culturais locais. Todavia, começam a ser cada vez mais "apropriadas" e disputadas pelas grandes empresas e, em certa medida, também transformadas em mercadorias e colocadas a serviço da construção dessa imagem positiva das empresas, sem qualquer vínculo com o processo produtivo dessas comunidades.

As empresas de celulose divulgaram um caderno no qual constam os projetos culturais apoiados por elas. Através desse material podemos saber que: a antiga Votorantim Celulose e Papel firmou em 2005 uma parceria com a Prefeitura Municipal de São Simão/SP para apoiar financeiramente o projeto Batuca, que oferece oficina de percussão a jovens assistidos socialmente; a Klabin patrocina o projeto Crescer com Arte, que atende 120 menores carentes do Morro do Turano, no Rio de Janeiro, e consiste numa oficina de arte e desenho para crianças de 5 a 12 anos; a Lwarcel Celulose e Papel mantém o projeto

Batuq&Arte, através do qual proporciona o aprendizado musical e de dança a crianças de 08 a 12 anos, de baixa renda, da rede pública de ensino de Lençóis Paulista. A Aracruz Celulose mantinha um projeto cultural em Helvécia, Nova Viçosa/BA, que consistia em oficinas de teatro, dança, música, criação e confecção de figurinos com participação de costureiras, artesãs e bordadeiras locais (Gomes, 2008).

Em geral, essas atividades são justificadas por um objetivo de inclusão social de jovens e crianças e uma perspectiva de "salvação" pela arte. Os projetos incluem quase sempre a organização de espetáculos ou exposições para apresentação dos resultados das oficinas, em que as famílias e toda comunidade são convidadas a assistir e aplaudir o trabalho das empresas e o talento de seus filhos, que merecem um *futuro melhor do que o trabalho pesado da roça*.

Há ainda projetos que apoiam atividades vinculadas diretamente com as culturas tradicionais, ainda que sob a forma de *shows* ou apresentações, como o Circuito Syngenta de Viola Instrumental (Circuito..., 2011), ou Festejos de Reis de Matarandiba, na Bahia, patrocinados pela Dow Agroscience (Dow, 2013). Percebe-se a busca pela identificação com as culturas do campo, em geral, valorizadas pela população, mesmo que de forma romântica e saudosa, de retorno à roça, de onde a maioria da população adulta saiu, expulsa pelo próprio agronegócio.

A cultura do campo que partia do trabalho e da relação com a terra e a natureza agora toma espaço nas escolinhas de arte e nas apresentações folclóricas patrocinadas pelas grandes corporações. "É a sociedade do espetáculo na qual a mercadoria chega à ocupação total da vida social", nos lembra Debord (2003).

A indústria cultural não só se apropria das próprias expressões culturais desses trabalhadores e trabalhadoras do campo, como as usa para lhes incutir a ideologia da classe dominante.

Prêmios corporativos: agronegócio como juiz das artes

Os prêmios corporativos às artes parecem não ser algo muito comum entre as empresas do agronegócio que atuam no Brasil. Pesquisas na internet apontaram o uso dessa prática apenas pela empresa Syngenta – Prêmio Syngenta de Viola Instrumental e Prêmio Internacional de Fotografia e Bunge – Prêmio Fundação Bunge, que em algumas de suas edições premiou profissionais ligados à Crítica literária, na área de Letras. Além desses dois, encontramos uma única referência a um suposto Prêmio da Aracruz Celulose de Teatro.[43]

Segundo Wu (2006), os prêmios na área da cultura e arte são uma modalidade especializada de patrocínio cultural – e muito flexível, uma vez que qualquer empresa pode organizá-los, pela associação direta do nome do patrocinador ao evento, tornando a sua marca inseparável do evento e a colocando na mídia (que, muitas vezes, quando divulga eventos culturais não chega a mencionar o nome de quem patrocina). Além disso, conferem às empresas uma entrada valiosa no *establishment* do mundo artístico, que é no fundo quem dá legitimidade às competições.

Através dessa associação, as corporações se projetam como uma autoridade capaz de estabelecer padrões de qualidade e influenciar os rumos das tendências artísticas (Wu, 2006, p. 184).

No caso do Prêmio Syngenta de Viola Instrumental, que teve duas edições – 2004 e 2005 – a curadoria foi de Ivan Vilela, "um dos maiores compositores e violeiros do país". A partir de então, seu nome passou a estar vinculado ao nome da empresa, que des-

---

[43] A única referência a este suposto prêmio foi encontrada no currículo de um grupo de teatro, o que leva a supor que pode haver alguma incorreção da informação, uma vez que, sendo a publicidade das empresas um dos objetivos destes prêmios, não se encontra mais nenhuma referência na mídia a esse Prêmio. Disponível em: <http://www.ratimbum.art.br/institucional.aspx>. Acesso em 18 jun. 2013.

creveu no material de divulgação do Prêmio boa parte do seu currículo, como forma de "certificar" a excelência do prêmio:

> Vilela é violeiro e com seu trabalho em discos foi indicado ao Prêmio Sharp, Movimento e APCA. É diretor da Orquestra Filarmônica de Violas, sediada em Campinas. Há quase 20 anos pesquisa festas populares no Brasil. Como professor, atua em diversos festivais de música. Uma de suas obras, 'Espiral do Tempo', recebeu os Prêmios Movimento da Música Popular Brasileira como melhor disco instrumental do ano (1998), e pela Associação [Paulista] dos Críticos de Arte (APCA), como melhor conjunto de câmara. Além de curador do Prêmio, Ivan Vilela será um dos jurados que irá selecionar os candidatos. Este ano o corpo de jurados conta com mais um profissional da música instrumental, Paulo Freire, autor de trilhas sonoras, canções, romances, biografias e CDs de viola. Completam o júri Paulo Bellinati, considerado um dos maiores nomes do violão brasileiro contemporâneo e Tárik de Souza, crítico de música (Prêmio..., 2005).

Segundo Wu (2006), as empresas por si só não teriam legitimidade para validar uma premiação no campo artístico, por isso a importância de convidar personalidades estabelecidas no mundo artístico para a curadoria e também para ter assento na comissão julgadora (WU, 2006, p. 184). Além disso, a presença desses "especialistas" aumenta a chance dos prêmios serem mencionados na imprensa. Assim, é de fundamental importância divulgar o seu currículo, dando destaque também aos prêmios que por sua vez "validaram" esses artistas no meio artístico e na sociedade, mais do que, por exemplo, a divulgação de que é professor em importantes universidades públicas do país, no caso de Ivan Vilela.

Wu (2006, p. 189), citando um crítico de arte do *Financial Times*, classifica os prêmios como uma fórmula perfeita, pois garantem à corporação publicidade nacional, um leque amplo de relações públicas locais e tudo com um custo muito baixo. Todas estas características são fáceis de identificar, embora não apareçam nunca para o grande público.

A Syngenta é uma corporação transnacional com sede na Suíça que nasceu no ano 2000, fruto de várias fusões (as últimas, que lhe deram origem direta, entre as unidades agrícolas das empresas Novartis e AstraZeneca). Os prêmios fizeram parte da estratégia para divulgar o novo nome em âmbito nacional. Este tipo de empresa tem dificuldade em se anunciar, visto que não tem seu nome associado ao consumo direto de produtos pela maioria da população e, por outro lado, precisa burilar a sua imagem pelos efeitos negativos causados pela prática da sua atividade. E esta é uma forma simpática de tornar o nome conhecido, porque está ajudando os artistas (Wu, 2006, p. 186).

Além da publicidade na mídia que está presente em todo o processo (desde a convocatória do prêmio até à divulgação dos resultados e o lançamento do CD), os prêmios foram organizados em forma de etapas eliminatórias regionais em seis cidades (cinco das quais em quatro estados onde a empresa tem unidades), o que garantiu a publicidade em âmbito regional, e também uma série de relações públicas locais e mais específicas, como órgãos públicos, imprensa, meio artístico e intelectual e clientes.

Tudo isso praticamente a um custo zero, uma vez que as atividades foram financiadas com recursos provenientes de renúncia fiscal de impostos feita pela Syngenta no valor de R$ 395.000,00 e R$ 600.000,00, em 2004 e 2005, respectivamente. Na 2ª edição,[44] o evento contou com uma premiação em dinheiro num total de R$ 55 mil, sendo que o primeiro prêmio era de R$ 10 mil. Como resultado do 2º Prêmio, também foi produzido um CD que reuniu as 16 músicas finalistas do festival, selecionadas entre 158 inscritas, e é comercializado ao preço médio de R$ 30,00 (2º Prêmio..., 2006).

---

[44] Não foram encontradas referências ao valor monetário dos prêmios na edição de 2004.

Além do mais, estes prêmios ficam para sempre no currículo dos artistas, tanto dos que organizam, julgam ou concorrem. E, por isso, mais de 10 anos depois ainda se ouve falar do Prêmio Syngenta de Viola Instrumental, o que contribui para manter essa imagem de empresa "amiga das artes e dos artistas".

E, por associação, é um nome vinculado também com a viola caipira e as tradições culturais de origem rural, mesmo que o prêmio em questão tenha valorizado a individualização da composição e interpretação do instrumento, e eliminado a "voz do campo". A música caipira e de raiz – usando a definição do próprio material de divulgação do prêmio,

> [...] é aquela que utiliza elementos ou sonoridades da música tradicional ou das matrizes folclóricas, especialmente das regiões Sudeste e Centro-Oeste: cururu, catira ou cateretê, pagode caipira, querumana, polca ou chamamé ou rasqueado, moda de viola, guarânia, quadrilha, toada, folia de reis, folia do divino, congado, moçambique, catopé, caiapó, vilão e todos os outros ritmos ligados às regiões (Prêmio..., 2005).

Mas essas manifestações, fortemente vinculadas ao trabalho agrícola e às práticas rurais de socialização das coletividades, são mais difíceis (embora não impossíveis) de serem transpostas para uma forma mercadológica, inclusive de caberem no palco de um teatro tradicional, e carregam ainda a imagem do rural caipira, sinônimo de atrasado. Por isso, o prêmio cumpriu também em certa medida a função de modernizar essa cultura, da mesma forma que a Syngenta contribui para a modernização da agricultura. Segundo palavras do próprio Ivan Vilela, "aos poucos a viola veio mostrando o quanto se adapta, se renova, se transforma e se recria com o passar dos anos" (Prêmio..., 2005).

A viola, que durante muitos anos, e mesmo hoje, se constitui como um elemento de resistência da identidade camponesa, estava oficialmente dentro das grandes salas de espetáculo urbanas como o Teatro Guaíra em Curitiba e o Teatro Alfa em São

Paulo, bem como os executivos das corporações do agronegócio e seus parceiros.

Em especial a partir dos anos 2000, o "caminho dos caipiras"[45] e da viola rapidamente rumou à cidade e ao *showbusiness*. Para Cristina Paniza, organizadora de um movimento para resgatar o culto da cultura caipira em Cunha, interior de São Paulo, "a mocidade de hoje não aceita o caipira tradicional. Quer mais som, mais barulho, mais efeitos especiais, mais dança..." (Ribeiro, 2015).

Na mesma reportagem sobre a modernização da viola, se lê que "a música de raiz ganha novo tratamento e formações 'mais modernas' por intermédio dos músicos da nova geração violeira" (Ribeiro, 2015). E várias cidades de médio e grande porte no Centro-Sul ou Centro-Oeste têm hoje orquestras de violeiros e há até quem mantenha um repertório predominantemente caipira com ritmo de rock e repertório de rock tocado na viola, como é o caso do grupo Matuto Moderno ou do Trio Tamoyo.

Mas apesar do "otimismo" de Ivan Vilela – para quem a globalização tem dois movimentos em relação à música, por um lado "espalha e iguala internacionalmente o que está na moda", mas por outro "valoriza o que é local, regional, quando ele é diferente e tem força artística" (Ribeiro, 2015), o que indicaria um excelente momento para a viola caipira –, esse caminho dos caipiras se deu mesmo foi em direção ao sertanejo.

> Calcula-se que, de tudo que se toca hoje em dia no Brasil, principalmente em *shows*, de 70 a 75% são do chamado 'sertanejo moderno', ou sertanejo universitário. São artistas que herdaram do caipira a forma de cantar em dupla, mas cujo assunto não é mais o mundo rural ou as angústias do homem simples do campo. As letras são pobres, resvalando do mau gosto à grossura, e a melodia, com batida forte, vem misturada a ritmos comerciais. Com espetáculos de luz e

---

[45] Título de uma reportagem da *Revista Globo Rural* e do Canal Rural sobre a modernização da música de raiz.

som e a vibração que se vê nas apresentações de bandas internacionais de rock (Ribeiro, 2015).

Mostrando várias possibilidades de derivações da música de viola caipira, a reportagem entrevista Victor e Léo, uma das mais famosas duplas sertanejas modernas, segundo os quais sua

> formação vem do caipira, som que povoou nossa infância, mas ouvimos depois os Beatles, o U2, outras bandas. Nossa música reflete isso, o tempo que vivemos (Ribeiro, 2015).

Independente do quanto essas influências musicais europeias (melódicas, poéticas e/ou políticas) se façam ou não sentir nas músicas da dupla – embora a reportagem induza a pensar que ela se destaca em relação a outras do gênero – a sensação que fica é que é preciso sempre ir criando alguma diferenciação (real ou simbólica) nesse universo cada vez mais numeroso do sertanejo moderno para garantir o lugar ao sol no mercado fonográfico.

E parece que tem dado certo, Victor e Léo estão entre as duplas sertanejas mais bem pagas e com mais discos vendidos no Brasil, o que já lhes rendeu uma fortuna estimada (ou melhor, divulgada) de cerca de 100 milhões de reais (Os Sertanejos..., 2013). Entre os seus investimentos, além de uma Fazenda em Uberlândia, Minas Gerais, Léo participa de um milionário programa de melhoramento genético em gado no Sul do Pará (Descubra..., 2014). Aliás, se poucas referências da vida no campo têm hoje a música sertaneja, o mesmo não se pode dizer dos seus protagonistas, que na sua quase totalidade são donos de grandes fazendas, onde criam gado, plantam soja, ou simplesmente acumulam.[46]

---

[46] Além de Zezé Di Camargo, dono da Fazenda É o Amor!, Leonardo é dono da Fazenda Talismã, Gustavo Lima investe em terras, Luan Santana, Chitãozinho e Xororó são criadores de gado, Michel Teló é dono de uma fazenda de 14 mil hectares em Corumbá/MS (Descubra..., 2014).

Quanto à música caipira, essa... já foi. Pelo menos é o que acredita o cantor e compositor Renato Teixeira, "Foi [...] para algum lugar sagrado da memória do povo brasileiro, de onde continuará nos guiando" (Ribeiro, 2015). Ela teria para onde correr de modo a safar-se do esmagamento pelo furacão do "sertanejo moderno" e do "som internacional".

> Estou apostando que a viola caipira vai transcender o Brasil e se tornar uma coqueluche no mundo. É só uma questão de tempo (Ribeiro, 2015).

Não surpreenderia que fosse levada pelas mãos de alguma grande corporação do agronegócio, modelo inclusive já defendido e associado a alguns violeiros mais "de raiz" como Almir Sater e Sérgio Reis.

Falando de mundo, a Syngenta organiza também uma premiação internacional, Prêmio Syngenta de Fotografia (The Syngenta Photography Award),[47] "uma competição internacional que tem o objetivo de estimular o diálogo sobre importantes desafios globais" (Syngenta..., 2015)

A primeira edição realizou-se em 2012/2013 e teve como tema Rural-Urbano, "que explora a relação e tensões entre o ambiente rural e urbano" (Syngenta..., 2015). Na segunda edição, em 2014/2015 o tema foi "Escassez|Desperdício" e buscou

> por meio da fotografia estimular o diálogo e promover a conscientização sobre desafios globais em um mundo em crescimento, mas com recursos limitados. (Museu..., 2015).

As fotografias distinguidas passaram a fazer parte de exposições que já percorrem vários países, entre os quais o Brasil.

---

[47] Para mais informações, ver a página da internet "The Syngenta Photography Award". Disponível em: <http://www3.syngenta.com/global/photo2014/en/Pages/home.aspx.>.

Apesar de ser um prêmio recente, em 2006, Wu já afirmava que para

> as multinacionais em busca da dominação do mercado nacional e global, os prêmios para as artes visuais tornam-se um veículo promocional valioso com o qual se pode cruzar qualquer fronteira, seja ela nacional ou cultural (Wu, 2006, 183).

Participaram mais de dois mil fotógrafos profissionais e amadores de todo o mundo só na segunda edição, o que leva a imaginar que a divulgação deva ter sido ampla, assim como a publicidade que a empresa recebeu.

Na edição sobre a relação rural-urbano, um dos sub-temas era desmatamento. No texto explicativo da seção na página da internet pode-se ler:

> Cada ano, uma área de floresta três vezes maior que o País de Gales desaparece. O desmatamento ocorre por várias razões, incluindo o desenvolvimento da agricultura, criação de gado, e expansão urbana, mas os complexos ecossistemas da floresta são vitais para os ciclos do carbono e da água que mantêm a vida na terra. (The Syngenta Photography Award, 2013, tradução nossa).

Um concurso internacional de fotografia tem a possibilidade de mostrar diferentes pontos de vista sobre um determinado tema, em geral pela grande quantidade de participantes captadores de imagens de diferentes partes do mundo. A escolha dos vencedores é certamente uma escolha estética-técnica-política. No tema desmatamento, foram selecionadas oito fotos, das quais cinco eram da Floresta Amazônica no Brasil, duas da Indonésia e uma da Malásia.

Um olhar sobre as fotos da Amazônia mostra a complexidade da região, ao mesmo tempo em que expõe contradições e naturaliza práticas, através da sua estetização. A floresta é uma das regiões para onde o capital está se expandindo em busca de mais recursos naturais e consequentemente mais lucros. Interessa passar a imagem de que não há só um responsável pelo desmatamento: são as empresas, mas também os homens, e no caso os assentados.

Dentre as fotos, destacam-se quatro: "Menina andando de bicicleta no meio da floresta queimada numa área de assentamento rural. Na tarde do Dia das Crianças, em Buritis, Rondônia, Brasil", de Alberto Araújo, 2013; "Fazenda de Gado em terras que eram da Floresta Amazônica em Água Boa, Mato Grosso, Brasil", "Queimada no 'cerrado' próximo ao Rio Araguaia ao lado do Parque Nacional do Araguaia, Mato Grosso, Brasil" e "Pedaço 'poupado' de floresta rodeado de campos de soja no Sul de Itaituba, Pará, Brasil", as três últimas de Daniel Beltrá, 2013.

A única foto em que aparece um ser humano é a de uma criança, para quem o desmatamento aparece como um problema imediato, de primeiro plano: nem pode ser criança no seu dia. A perspectiva aérea das outras três fotos dá uma sensação de um problema longínquo absorvido pelas linhas paralelas da criação de gado, a fumaça parecendo algodão-doce ou o oásis que lembra um coração. As fotos que carregam em si um potencial de contestação a esse modelo de agricultura e de exploração da natureza – como a foto da queimada ou da plantação de soja –, ao fazer parte de uma exposição financiada exclusivamente por uma das maiores corporações do mundo do agronegócio, perdem sua mensagem de denúncia. Afinal, pensará o público, se a empresa fosse responsável por tais práticas, ou semelhantes, nunca estas fotos seriam vencedoras do seu prêmio e estariam na exposição.

Diferente desses prêmios pontuais da Syngenta,[48] a Bunge criou em 1955 o Prêmio Fundação Bunge, que todos os anos é

---

[48] Embora em relação ao Prêmio Syngenta de Fotografia a empresa dê a entender que haverá continuidade.

concedido a personalidades de destaque em diversos ramos das Ciências, Letras e Artes no País e tem duas categorias, "Vida e Obra", em reconhecimento à obra consolidada de um especialista, e "Juventude", que premia jovens talentos. Já premiou 183 pessoas.

De diferente tem também as regras do jogo:

> Os candidatos não são inscritos, mas sim indicados por dirigentes de universidades e entidades culturais e científicas. Uma Comissão Técnica, composta por cinco membros, sendo um do exterior, em cada área de premiação, seleciona os pesquisadores em cada ramo do conhecimento na categoria 'Vida e Obra', indicando-os para a decisão do Grande Júri. No caso dos jovens talentos, a Comissão Técnica escolhe diretamente os homenageados do ano. O Grande Júri, formado por representantes de entidades científicas e culturais, reitores e ministros de Estado, sob a direção do presidente do Tribunal de Justiça do Estado de São Paulo, tem a responsabilidade de escolher os contemplados na categoria 'Vida e Obra' (Prêmio..., 2011).

Novamente fica clara a política de relações públicas e de divulgação da empresa que está por trás da realização de um prêmio como este. Uma comissão técnica, da qual faz parte um membro do exterior, mesmo que o prêmio seja de caráter nacional, garante a "validação" das indicações e os jovens talentos. Depois, uma comissão política, pode-se dizer, elege de acordo com os seus interesses os vencedores da categoria "Vida e Obra". Tendo em conta que o primeiro prêmio data de 1955, isso significa que a premiação já perpassou vários governos e mesmo regimes políticos. E mesmo durante a ditadura civil-militar, não deixou de ser entregue, se prestando a esse mesmo propósito de relações públicas entre público e privado.

Na edição de 2015, onde se comemoraram também os sessenta anos da Fundação Bunge, a cerimônia de entrega dos prêmios contou com a presença, entre outros, de Geraldo Alckmin, governador do Estado de São Paulo, Jacques Marcovitch, presidente da Fundação Bunge, Aldo Rebelo, então ministro da Ciência, Tecnologia e Inovação, Márcio França, vice-governador do Estado de São Paulo e secretário de Desenvolvimento Econômico, Ciência, Tecnologia e Inovação do Estado de São Paulo, Raul Padilla, presidente da Bunge Brasil, Airton Grazzioli, curador de fundações do Ministério Público do Estado São Paulo, e José Goldemberg, presidente da Fundação de Amparo à Pesquisa do Estado de São Paulo. Houve também um *show* com Renato Teixeira e a Orquestra Paulistana de Viola Caipira (Cerimônia..., 2015).

Em relação aos premiados, já foram distinguidas importantes personalidades nas mais distintas áreas artísticas e com as mais diversas afinidades políticas, também reforçando a ideia de que a obra na maioria das vezes se sobrepõe à vida.

Algumas das categorias e dos premiados foram: Composição de Música Popular Brasileira – Grupo Uakti (1997); Crítica – Antonio Candido (1990); Arquitetura – Oscar Niemeyer (1985); Arte – Emiliano Di Cavalcanti (1972), Lúcio Costa (1965); Pietro Maria Bardi (1979); Economia Internacional – Celso Monteiro Furtado (1995); Intérprete de Teatro – Paulo Autran (1991), Débora Bloch (1991); Literatura – Érico Veríssimo (1973); Jorge Amado (1984); Manuel Bandeira (1966) (Resultado, 2016).

O Prêmio Fundação Bunge, apesar de bem mais antigo, é menos divulgado do que foi na época o Prêmio da Viola Instrumental da Syngenta. Talvez porque o primeiro cumpra esse papel mais de relações públicas e *lobby* político em âmbito nacional, e o segundo tivesse como objetivo principal a divulgação da marca, que era nova naquele momento, e relações públicas em âmbito mais local. De qualquer forma, apesar de render bons resultados, organizar um prêmio parece não ser uma tarefa fácil, uma vez que precisa envolver uma série de elementos para que possa ter credibilidade e aceitação. Essa seria talvez uma das razões para que esta tática ainda seja pouco usada pelas empresas do agronegócio.

Grandes festas, grandes negócios: a celebração do agronegócio

Feiras, festas, rodeios, exposições, *agrishows*, são vários os nomes e as formas que o agronegócio usa para celebrar as suas conquistas e claro, fazer negócio. Algumas se tornaram bastante conhecidas, pelo seu tamanho e pelo destaque que ganham na mídia: *Agrishow* de Ribeirão Preto (SP), Festa do Peão de Barretos (SP), Expo Londrina (PR), Festa da Laranja de Boquim (SE), entre outras. Estima-se que sejam milhares de eventos que aconteçam durante todo o ano em todas as regiões do país.

Para quem não é muito conhecedor do assunto, a ideia que passa é que se trata de atividades bem parecidas: grandes feiras onde se mistura festa, grandes *shows* e comida, com produção agrícola e animal, chapéus de *cowboy* e grandes negócios. Mas, embora hoje em dia o denominador comum à maioria desses eventos seja o agronegócio e o seu fortalecimento, tanto econômico quanto simbólico, as características e objetivos de cada tipo de celebração são diferentes.

Leal (2008, p. 44-63), a partir da observação e das definições dos participantes dessas atividades, propõe uma distinção entre *agrishows*, feiras agropecuárias (ou simplesmente "pecuárias"), festas de rodeio e festas temáticas.

Os *agrishows* são feiras de exposição e comercialização de novas tecnologias de mecanização e insumos agrícolas aos produtores. Apesar do nome conter em si a palavra *show*, em geral identificada na língua portuguesa com grandes apresentações musicais, estes eventos normalmente não organizam atividades de lazer, são "feiras que não são festas" (Leal, 2008, p. 58). Aqui o *show* é da tecnologia de ponta e das grandes máquinas, além das volumosas cifras das safras do agronegócio. Tanto é assim que no Brasil eles são considerados verdadeiros "termômetros da economia agrícola".

O caderno "Produtos e Mercados", que faz parte da *Revista Globo Rural*, na edição de janeiro de 2015, trazia na capa uma foto da vista aérea da feira Show Rural Coopavel e a chamada: "Força e versatilidade num ano difícil – De uma forma geral, as feiras agropecuárias tiveram forte crescimento em 2014 e mostram dinamismo para 2015". Em anos de crise, reforça a matéria, as feiras têm registrado expressivos aumentos de faturamento porque, segundo os organizadores, os produtores buscam se atualizar para aumentar a produtividade (Cavechini, 2015).

Apesar das mais conhecidas e antigas acontecerem em maior número nas regiões Sudeste e Sul, este é um fenômeno que tem se espalhado por todo o país e hoje acontece em todas as regiões, e mesmo em grandes centros urbanos como São Paulo/SP e Brasília/DF. Algumas organizadas por setores privados e entidades de classe, mas algumas, embora em número bem menor, pelo poder público local, como por exemplo, a de Ji-Paraná (RO), organizada pela Secretaria de Agricultura do município, que tem entre os seus participantes representantes de agroindústrias e agricultores familiares que receberam o título da propriedade e querem investir.

No quadro que se segue, organizamos os dados referentes àquelas que são consideradas pela *Revista* como as maiores feiras agropecuárias do país, com base no seu volume de negócios em 2014 (Cavechini, 2015).

Quadro 7 – Principais feiras do agronegócio em 2014 e seu faturamento.

Feira	Local	Data (2014)	Faturamento (em reais)
Show Rural	Cascavel (PR)	2 a 6/2	1.800 mi
Expodireto	Não-me-toque (RS)	9 a 13/3	3.200 mi

Femec	Uberlândia (MG)	24 a 27/3	202 mi
Show Safra BR - 163	Lucas do Rio Verde (MT)	24 a 27/3	150 mi
ExpoLondrina	Londrina (PR)	9 a 19/4	424 mi
Tecnoshow	Rio Verde (GO)	13 a 17/4	1.400 mi
Agrishow	Ribeirão Preto (SP)	27/4 a 1/5	2.600 mi
Expozebu	Uberaba (MG)	3 a 10/5	150 mi
Agrotins	Palmas (TO)	5 a 9/5	525 mi
Expoingá	Maringá (PR)	7 a 17/5	342 mi
Agrobrasília	Brasília (DF)	12 a 16/5	700 mi
Avesui	Florianópolis (SC)	12 a 14/5	370 mi
Hortitec	Holambra (SP)	17 a 19/5	100 mi
Agrobalsas	Balsas (MA)	26 a 30/5	285 mi
Rondônia Rural Show	Ji-Paraná (RO)	27 a 30/5	532 mi
Bahia Farm Show	Luís Eduardo Magalhães (BA)	2 a 6/6	840 mi
ExpoCafé	Três Pontas (MG)	1 a 3/7	215 mi
ExpoSul	Rondonópolis (MT)	8 a 14/8	95 mi
Fenasucro	Sertãozinho (SP)	25 a 28/8	2.200 mi
Expointer	Esteio (RS)	29/8 a 6/9	2.700 mi
Total			18.830 mi

Fonte: quadro elaborado pela autora a partir de informações da *Revista Globo Rural* (Cavechini, 2015).

A matéria não faz a distinção entre *agrishows* e feiras agropecuárias, embora fazendo um filtro pela presença ou não de grandes *shows* foi possível observar que a maioria se tratava de *agrishows*, e apenas as quatro destacadas seriam feiras agropecuárias, das quais falamos mais à frente.

A soma de recursos movimentados por apenas estas vinte feiras em um ano chama a atenção: cerca de 19 bilhões de reais. Valor muito próximo do Crédito Pronaf para a agricultura familiar na Safra 2013/2014, que foi de R$ 21 bilhões.

A maior delas é a de Ribeirão Preto, que no ano de 2014 reuniu 400 empresas expositoras, representando 800 marcas, e recebeu 160 mil visitantes, de mais de 70 países, gerando negócios em torno de R$ 2,6 bilhões. A Agrishow de Ribeirão Preto é organizada há mais de vinte anos pela Associação Brasileira de Agronegócios (Abag), Associação Brasileira da Indústria de Máquinas e Equipamentos (Abimaq), Associação Nacional para Difusão de Adubos (Anda), Federação da Agricultura e Pecuária do Estado de São Paulo (Faesp) e Sociedade Rural Brasileira (SRB). É uma feira de negócios, que acontece apenas de dia (encerra às 18hs) e a entrada é paga, com valor em 2014 de R$30,00/dia.

Apesar de não organizar atividades culturais, a abertura da feira é sempre realizada pela Orquestra Sinfônica de Ribeirão Preto. Segundo informações da Abag de Ribeirão Preto, em matéria no *site* intitulada "Agronegócio ao lado da cultura em Ribeirão Preto":

> Ribeirão Preto, a Capital Brasileira do Agronegócio, também ostenta o título de Capital da Cultura, uma herança da era de ouro do café quando a cidade chegou a ser conhecida como *Petit* Paris, tal era a efervescência cultural com espetáculos de todos os gêneros, principalmente com artistas franceses. Em 1938, nascia na cidade a Sociedade Musical de Ribeirão Preto, hoje Orquestra Sinfônica de Ribeirão Preto, uma das mais antigas orquestras em atividade do país, a única que nunca interrompeu suas atividades. [...] esta longevidade e continuidade se devem em grande parte ao apoio que o agronegócio sempre ofereceu à orquestra. Desde os bons tempos do café, quando os produtores individualmente ajudavam a manter a orquestra, até hoje, quando empresas do agronegócio mantém viva uma orquestra com 55 músicos permanentes, muitos dos quais são estrangeiros que trocaram o frio da Europa pelo calor de Ribeirão Preto (Agronegócio..., 2014).

A matéria continua informando que 70% das despesas da orquestra, que beiram os R$ 4 milhões por ano, são arrecadados via Lei de incentivo cultural – Lei Rouanet, que a entidade "descobriu" em 1995, sem explicitar, claro, que se trata de dinheiro público de renúncia fiscal. Entre os doadores estão os associados da Abag-RP, como as usinas da região: Usina Batatais, Usina Santo Antônio e Usina São Francisco, e a Tracan, de Ribeirão

Preto, do setor de máquinas.[49] O valor do patrocínio destas quatro empresas à Orquestra soma R$ 248.830,27, o que é relativamente pouco quando comparado com o orçamento anual da entidade. Mesmo assim, esse apoio garante ao agronegócio andar "ao lado da cultura", garantindo publicidade às empresas e, de quebra, à Abag-RP, além da presença da Orquestra na *Agrishow*, numa lucrativa troca de favores.

Na edição de 2013, na qual foram comemorados os vinte anos da Feira, foi realizada uma noite comemorativa fora do espaço de exposição, no centro de eventos da cidade de Ribeirão Preto. A programação incluiu, além de homenagens e o lançamento do livro *AGRISHOW 20 anos de história*, apresentações artísticas da Orquestra Sinfônica de Ribeirão Preto, que tocou temas de filmes que marcaram época, e um *show* do cantor Almir Sater. A cerimônia foi conduzida pelo ator global Lima Duarte, que há muitos anos tem sua imagem ligada ao agronegócio, fazendo comerciais de marcas do setor, e tempos atrás foi um dos protagonistas da Campanha Sou Agro em um comercial na TV.[50] Almir Sater, fazendeiro e violeiro renomado, também já participou de várias campanhas da Abag em defesa do agronegócio e em comerciais, como os da Caixa Econômica Federal junto com a cantora Paula Fernandes, que anunciam o Crédito Rural Caixa para os produtores rurais, onde os dois aparecem sempre cantando no meio de grandes monocultivos. No evento dos vin-

---

[49] Através do sistema SalicNet do Minc é possível identificar o valor dos patrocínios dessas empresas à Associação Musical de Ribeirão Preto, mantenedora da Orquestra Sinfônica de Ribeirão Preto: Usina Batatais – R$ 151.110,00 (desde 2004); Usina Santo Antônio – R$ 8.510,27 (desde 2010); Usina São Francisco – R$ 12.210,00 (desde 2010); Tracan – R$ 77.000,00 (desde 2012) (Brasil, 2015).

[50] Em entrevista ao *site* da Campanha Sou Agro, onde defende abertamente o agronegócio, Lima Duarte justifica essa identificação com o Agro por ser "um homem do interior, sempre fui ligado ao campo, à 'agrovida', eu moro num sítio lá na minha terra no interior de Minas Gerais, mas não sou um produtor".

te anos da Agrishow, foram ainda homenageadas as empresas e instituições financeiras que participaram de todas as edições, dentre as quais algumas empresas de máquinas e implementos agrícolas e o Banco do Brasil (Abimaq..., 2013).

A feira, que não mistura arte e cultura com negócios para não "atrapalhar" e atrair um público que não esteja voltado apenas para a comercialização, celebra o seu aniversário ao som de música clássica e música de raiz como forma de afirmar seu caráter de elite culta, aos velhos moldes franceses e europeus das elites cafeeiras de antes. O agronegócio não só "ao lado" como de mãos dadas com a cultura.

Fora desses momentos de abertura e celebrações especiais, os participantes da *Agrishow*, homens de negócios, ricos, respeitáveis e cultos (muitos deles estrangeiros), têm as noites livres para o lazer, o que muitas vezes inclui outro tipo de compra e venda, a do sexo.

> Não existe uma estimativa oficial que aponte dados sobre a prostituição no período da *Agrishow*, mas proprietários de casas noturnas e de *sites* de acompanhantes são unânimes em afirmar que o momento é considerado o de maior faturamento do setor durante o ano (Oliveira, 2014),

pode ler-se numa matéria do portal de notícias G1 da Rede Globo. A reportagem entrevistou uma universitária que foi para Ribeirão Preto trabalhar como garota de programa, porque

> o mercado do sexo sempre fica aquecido em cidades que sediam eventos agrícolas, empresariais e esportivos [...]. 'Os clientes são fazendeiros, empresários, agricultores, então os programas são mais caros', diz a jovem, que espera faturar até R$ 10 mil (Oliveira, 2014).

Antes, os barões do café, que financiavam as orquestras, se integravam à fina cultura, também por influência das prostitutas francesas que, além de prazer, os "civilizavam" aos modos europeus, circulando nos espaços de lazer da burguesia. No livro *O rural no cinema brasileiro*, de Célia Aparecida Ferreira Tolentino, podemos ler um trecho que fala de uma cena de "Candinho", filme de 1954 dirigido por Abílio Pereira de Almeida e estrelado por Mazzaropi:

> [...] a moça se limpa numa folha de jornal deixada ali pelo vento. O detalhe fica por conta de que não se trata de um periódico qualquer, mas de um jornal francês, numa sugestão de que a fina cultura, distinção dos salões paulistanos, das prostitutas que civilizavam os nossos barões do café, ou ainda dos que podiam frequentar a universidade paulista onde os professores falavam francês, agora, em tempos de modernização avançada, serve para funções bem mais ignóbeis. Acresce-se a isso o fato de a folha francesa trazer uma notícia sobre os Estados Unidos, mostrando que o referencial estrangeiro importante no mundo já é outro, inclusive para a França (Tolentino, 2001).

As jovens universitárias que vão a Ribeirão Preto ganhar dinheiro não cumprem e nem precisam mais cumprir com essa "função civilizatória" – embora algumas façam papel de "namoradas"/acompanhantes durante toda a feira (Garotas..., 2013), já que a fina cultura hoje, que toca temas de filmes certamente americanos, serve a esses homens de negócio apenas para *marketing* das suas empresas e está ao alcance de um patrocínio, que nem precisa ser muito grande.

Mais abrangentes que os *agrishows*, as feiras pecuárias são provavelmente as mais ilustrativas de toda a cadeia do agronegócio: "apresentam exposições de máquinas como os *agrishows*, abrigam provas de montaria como as que ocorrem nas festas de peão, celebram a produção do campo como as festas temáticas", além de realizar palestras e conferências, leilões de comercialização de animais, divertir com grandes *shows* musicais e envolver a comercialização de comidas, guloseimas e artesanato (Leal, 2008, p. 46, 47).

Estas feiras acontecem em cidades de todos os tamanhos, desde as pequenas até cidades como Londrina/PR, Campo Grande/MS ou Esteiro/RS. A maioria delas se transformam em grandes eventos da cidade ou mesmo na Festa da Cidade. Pela diversidade de atividades que englobam e, em especial, pelos *shows* que organizam, atraem um grande número de visitantes locais e turistas e de diversas classes sociais. Leal (2008) entrevistou uma produtora rural do Mato Grosso do Sul, Telu, participante da Expogrande, feira de pecuária de Campo Grande/MS, que defende que as feiras devam ter cada vez mais lazer para atrair diferentes classes sociais, e que "as feiras de pecuária são espaços para a realização de negócios", mas

> as pessoas que não têm vínculo com a cadeia produtiva do agronegócio devem participar dessas festividades para ver de perto a produção do campo e conhecer um pouco mais dos modos de ser dos fazendeiros e empresários rurais (Leal, 2008, p. 59).

Essa parece ser a tendência de várias dessas feiras, que cada vez mais atraem público colocando em sua programação *shows* de duplas sertanejas famosas (e não tão famosas também) e de artistas de renome nacional, como a baiana Cláudia Leitte.

Em muitas feiras, as atrações musicais parecem sobrepor-se à exposição da produção agrícola, e uma boa parte do público apenas vai ao local para assistir a esses espetáculos. Mesmo que seja cobrado ingresso, em geral, o valor deste é inferior ao que seria cobrado numa casa de *shows* para ouvir os mesmos artistas, o que aumenta a procura. No material de divulgação da Expoingá (Expoingá, 2015), por exemplo, se lê no cartaz que quem adquirir o ingresso para os *shows* garante automaticamente a entrada no Parque de Exposições. A lógica se inverte, em vez dos *shows* serem um "bônus" para quem vai à feira de pecuária, a feira é que vira um "bônus" para quem vai assistir aos shows. Certamente isso faz com que os expressivos números de visitantes dessas feiras de agropecuária sejam bem maiores do que se não houvessem os *shows*. Comparando os números, a Expoingá 2014 teve uma participação de público estimada em 500 mil visitantes e um faturamento de R$ 342 milhões, que foi bem menor do que a *Agrishow* que no mesmo ano movimentou R$ 2,6 bilhões, mesmo tendo apenas 160 mil visitantes.

A produção agrícola e animal não desperta mais o interesse de uma boa parte da população que vive nas cidades, mesmo as menores. São trabalhadores que tiveram que abandonar a roça por falta de condições de sobrevivência, e que no processo de urbanização foram se distanciando de uma identidade rural que antes dava sentido à vida. Por isso, o divertimento se dá na condição de espectadores de grandes *shows*, numa tentativa de identificação com o sucesso dessas duplas, na sua maioria de origem humilde e rural, que saíram do campo e se deram bem na cidade, o que confere legitimidade ao ciclo migratório do campo rumo às promessas do mundo urbano.

> São 'sertanejos modernizados', artistas que recebem cifras milionárias pelos shows, celebridades imbuídas da missão de modernizar a feição arcaica das tradições do mundo rural, aproximando-o da estética urbana, pelas letras, pela melodia e instrumentação das músicas, pela estética dos artistas, pela performance de palco e a iluminação dos espetáculos (Villas Bôas; Chá, 2016).

As festas de rodeio são competições de montaria e provas de laço. Sua origem remete aos domadores de animais, mas foi com as exposições agropecuárias que alcançaram projeção e amplo público, tendo se desvinculado posteriormente destas, passando a constituir as Festas de Peão. A mais conhecida é a de Barretos no interior de São Paulo, mas hoje há festas de rodeio na maioria dos Estados. Todas, em maior ou menor medida, são um misto de celebração do vaqueiro brasileiro com o "cowboy" estadunidense, homenageando "o 'sertão' e a figura do peão, herói do universo rural" (Leal, 2008, p. 52). Regiane Silva, que estudou o rodeio em Goiás, comenta que num período relativamente recente "o rodeio transferiu-se do âmbito local e das competições entre peões de fazenda para o âmbito da indústria cultural, e alcança hoje o *status* de espetáculo massivo" (Silva, 2001, p. 174). E na mesma linha Leal chama a atenção para o papel determinante da mídia televisiva brasileira no início dos anos 1990 na divulgação da moda *country* e da música sertaneja, através da transmissão desses eventos, da projeção das duplas sertanejas ou mesmo das telenovelas sobre o mundo rural (Leal, 2008, p. 18).

Isso teria contribuído para fazer uma forte associação no plano do senso comum entre rodeio e agronegócio:

> Esse caráter espetacular (e 'próprio') das festas de rodeio junto com as contribuições da mídia (ao divulgar e tratar desses eventos em jornais, revistas e até telenovelas) faz com que todos os outros eventos de agronegócio sejam confundidos com rodeios. No imaginário do senso comum, todas as feiras agropecuárias e festas temáticas abrigam montarias. Mais do que isso! A comercialização e apresentação de produtos agropecuários, animais ou vegetais aparece nesse imaginário (daqueles que desconhecem esse universo) como atividades secundárias diante da magnitude e apelo popular existente em torno dos rodeios (Leal, 2008, p. 53-54).

Esses rodeios começaram também a movimentar um volume muito grande de recursos e a congregar cada vez mais público, também atraídos pelos *shows* de música sertaneja que complementam o divertimento dos rodeios.

Por fim, as festas temáticas são festas em que se celebra um produto agrícola específico, desde frutas a *commodities* agrícolas como a soja e o milho. Estas seriam as mais próximas às festas camponesas tradicionais, vinculadas aos ciclos da produção agrícola, em especial, a colheita, em que a comida seria o elemento central.

As tradicionais festas juninas que ocorrem, em especial no Nordeste – mas também em outros Estados como Minas Gerais, São Paulo e Goiás, embora com características um pouco diferentes – prestam homenagem a São João, Santo Antônio e São Pedro, celebram a fartura da colheita do milho, com música e comida.

Essas festas vêm se transformando e "atualizando", em termos de forma e conteúdo. O componente artístico/musical tem sido potencializado, e bandas não tradicionais tomam espaço nas programações e nos grandes palcos preparados para animar as comemorações. Mesmo as festas juninas há muito já incorporaram ao repertório dos festejos outros ritmos além do "forró pé-de-serra", uma das expressões mais típicas da cultura nordestina. O forró altamente mecanizado e estilizado é agora um dos grandes atrativos, ao qual se juntam as fogueiras artificiais, as barraquinhas "decoradas" com as marcas patrocinadoras, as quadrilhas estilizadas e as comidas padronizadas, mesmo as típicas comidas de milho – agora transgênico. No fundo, esse é também agora o caráter dessas festas que poderíamos apelidar de "festas juninas transgênicas", pela alteração do seu "DNA" de momento coletivo de partilha e celebração das dádivas da natureza. Porto-Gonçalves aponta essa falta de vínculos cada vez mais presente entre o momento da produção e o momento da festa,

> A expansão do agronegócio pela região Centro-Oeste do país, ocupando suas chapadas, tem feito dessa região a maior produtora de milho do Brasil. [...] Ao que se sabe, nenhuma festa está associada às colheitas feitas com grandes máquinas e com tão poucos empregos no Centro-Oeste brasileiro, onde vem se jogando todas as fichas de um modelo de desenvolvimento no mais tradicional estilo moderno. Está aberto o espaço, pois, para a realização de uma festa-espetáculo onde uma empresa de eventos contrata artistas do *showbusiness* (Porto-Gonçalves, 2004, p. 46, grifo do autor).

É justamente esse processo de expansão desse modelo de agricultura para novas fronteiras agrícolas que tem impulsionado nos últimos anos o surgimento de uma diversidade de outras celebrações: entre as mais antigas, a Festa da Uva de Vinhedo/SP, a da Laranja em Botim/SE ou, mais recentes, a da Soja em Campos Limpos/TO e em São Joaquim da Barra/SP, o Festival da Uva em São João do Piauí, ou a Festa da Uva em Lagoa Grande no sertão de Pernambuco, que comemoram a boa adaptação e o bom desenvolvimento da produção de uva no semiárido nordestino. O Nordeste é um dos polos de expansão do capitalismo, a região oferece muitas vantagens para determinados tipos de cultivos. A produção de uva é emblemática deste processo: é uma cultura levada de fora, que tem prosperado graças ao clima tropical, fortemente apoiado em alta tecnologia de irrigação – com água vinda do Rio São Francisco – e melhoramento genético. Mesmo que a situação econômica da maioria dos nordestinos tenha melhorado nos últimos anos, o destino das uvas não é o consumo local, mas as mesas europeias e americanas (no caso das variedades de mesa) ou a produção de vinho. As festas são uma forma de dar visibilidade a esta e outras "novas" culturas, criando no imaginário popular a sensação de que elas sempre estiveram ali, ao mesmo tempo em que foram elas que trouxeram a modernidade e a inserção da região no mercado mundial, razão pela qual todos devem se orgulhar.

A grande maioria dessas festas, pelo menos aquelas que são realizadas em cidades de médio e grande porte, se transformou em grandes eventos. As próprias Festas da Melancia e do Feijão, que dão a ideia de ser um momento de valorização desses produtos e dos produtores, atraem hoje uma boa parte do seu público através da organização de *megashows* de duplas sertanejas ou de bandas de forró comercial, e mesmo de rodeios.

Há também neste formato de festa uma presença muito forte do modelo de produção do agronegócio, seja pela valorização da mecanização – em muitas delas há exposição de máquinas e implementos agrícolas – seja também no fato de se celebrar um único produto, uma monocultura, sugerindo uma padronização e a espetacularização da produção. As festas cumprem agora esse papel de celebrar os números do setor e reafirmar a total integração da cadeia produtiva com o sistema financeiro, a mídia, a cultura, reafirmando os valores do individualismo, empreendedorismo e consumismo. Vale aqui trazer as reflexões de Guy Debord, para quem

> toda a vida das sociedades nas quais reinam as condições modernas de produção se anuncia como uma imensa acumulação de espetáculos. Tudo o que era diretamente vivido se afastou numa representação (Debord, 2003, p. 8).

Nessas grandes festas, o que antes era celebração da colheita e da relação homem-natureza agora se transforma em um enorme espetáculo, onde os agricultores e demais participantes são convidados a participar apenas na condição de espectadores, e não mais de produtores, condição que não mais lhes cabe.

A grande festa do carnaval: abre alas que o agronegócio vai passar

O carnaval é a grande festa brasileira por excelência. É também uma das mais bem sucedidas mercadorias culturais para consumo interno e também para exportação. Por meio de transmissão televisiva, os desfiles das escolas de samba do Rio de Janeiro são transmitidos para mais de 118 países do mundo.[51] Todo o ano movimenta uma economia de milhões de reais, entre a montagem das alegorias, direitos de transmissão ao vivo, patrocínio, venda de ingressos, venda de bebidas e comidas, eventos pré-carnaval, subsídios governamentais (em geral as prefeituras repassam uma verba para as escolas e várias conseguem também recursos federais via Lei Rouanet) e patrocínios.

---

[51] 118 países nos cinco continentes é o numero de países em que o canal internacional da TV Globo está disponível via cabo, satélite ou iPTV.

E se o carnaval celebra o Brasil (não só, mas prioritariamente), não tinha como o agronegócio, grande motor da economia brasileira, ficar de fora da passarela do samba. As conquistas do setor em especial nos últimos anos viraram tema dos sambas-enredo de várias escolas. Uma homenagem, mas fundamentalmente uma troca: o patrocínio à escola por exposição da marca ou nome da empresa.

Um caso bastante divulgado pela mídia foi o patrocínio da BASF ao desfile do Grêmio Recreativo Escola de Samba Vila Isabel, no carnaval de 2013. O enredo da Escola teve como tema "A Vila canta o Brasil celeiro do mundo – água no feijão que chegou mais um...", homenageando o agricultor e valorizando o potencial agrícola brasileiro frente à crescente demanda mundial por alimentos e energia, conforme foi noticiado (Em Parceria..., 2013).

Embora não fosse a primeira vez que uma escola de samba levava para a passarela o tema do agronegócio, esta chamou a atenção, em parte pelo valor: "Não revelamos o valor. Mas sabemos que um carnaval vencedor pode custar entre dez e quinze milhões de reais e nós contribuímos com uma parcela disso", disse Maurício Russomanno, vice-presidente da unidade de proteção de cultivos da Basf no Brasil, para matéria da Associação Brasileira de Marketing e Agronegócio (Campeã..., 2013). Chegou-se a comentar na mídia que teriam sido entre 3,5 (Lemos, 2013) a 15 milhões de reais (Santiago, 2013).[52]

A matéria continua com a fala do executivo:

> A Vila Isabel traduziu de um jeito muito bonito a homenagem que queríamos fazer para o agricultor. [...] A repercussão do tema na mí-

---

[52] Na matéria Carnaval do Agronegócio é possível ler: "O sucesso da Vila Isabel teve participação direta da subsidiária brasileira da Basf, uma das maiores empresas de defensivos agrícolas do mundo, que desembolsou entre R$ 10 milhões e R$ 15 milhões para patrocinar o desfile" (Santiago, 2013).

dia também foi muito importante, porque a Basf não fez propaganda de produto da marca, mas levou uma causa para a avenida.

E complementou: "A marca não apareceu na avenida, mas foi falada de maneira elegante, porque todo mundo sabe que patrocinamos a escola". E nem poderia. Mesmo fazendo cada vez mais uso desses patrocínios, a Liga Independente das Escolas de Samba (Liesa) tem um regulamento que proíbe, por enquanto, qualquer tipo de *merchandising*, as marcas não podem assim aparecer nas alegorias e adereços das escolas. Mas isso parece não importar desde que o discurso de valorização do agronegócio seja enfático e atrativo.

Antes do desfile, onde a Escola se consagrou campeã, Russomanno já havia comentado a nova estratégia:

> Esta é, sem dúvida, uma das iniciativas de comunicação mais ousadas da Unidade de Proteção de Cultivos da BASF, que impactará diversos públicos, incluindo aqueles que não têm relação direta com o agronegócio. O Brasil é um líder na produção de alguns produtos e um gigante nas exportações, porém é preciso reforçar junto à sociedade a importância da agricultura e da tecnologia nela empregada para que tenhamos essa posição. Nesse sentido, acreditamos que a parceria com a Vila Isabel, aliada à ação do vídeo, vai reconhecer e valorizar o produtor rural, de uma forma criativa e inusitada. Estamos extremamente entusiasmados com essa ação (Com..., 2013).

Como parte das ações do patrocínio, a BASF reforçou investimentos em publicidade e *marketing* entre 2012 e 2013. Segundo a própria empresa (Com..., 2013), investiram em divulgação em grandes veículos de comunicação como a *Revista Exame*, Canais Telecine, GNT, Globo News, entre outros, além de ações na Internet, buscando atingir um público que diretamente não tem a ver com o segmento agrícola, em especial no meio urbano. Russomanno ainda acrescenta

> Até 2008, o nosso *marketing* tinha um foco técnico sobre o uso dos produtos da marca. [...] Agora, deixamos essa tarefa para a nossa

equipe de campo, que está mais próxima do mercado consumidor (Com..., 2013).

O foco da publicidade não é vender produtos, mas uma imagem positiva da empresa e do setor do agronegócio.

Apesar de avaliada como positiva, a parceria também foi alvo de muitas críticas e repúdio público, uma vez que a Escola de Samba Vila Isabel tinha uma tradição de sambas-enredo relacionados com os trabalhadores e a uma perspectiva de um mundo melhor, e aceitou receber financiamento de uma empresa que tem sido responsável por vários danos ambientais e sociais no Brasil e no Mundo. Em carta aberta à Escola, a Campanha Permanente contra os Agrotóxicos e pela Vida denuncia que só

> em 2010, a BASF foi a terceira maior vendedora de agrotóxicos no Brasil, lucrando $ 916 milhões de dólares com a doença dos brasileiros e brasileiras. E não são só os agricultores que sofrem com os venenos: segundo a Agência Nacional de Vigilância Sanitária, a Anvisa, quase dois terços do alimentos que chegam à nossa mesa contêm resíduos de agrotóxicos, sendo que um terço foi classificado como irregular pela Agência (Campanha Permanente Contra os Agrotóxicos e Pela Vida, 2013).

Dois anos antes, em 2011, foi a vez da Mocidade Independente de Padre Miguel, também do Rio de Janeiro, cantar a convivência entre o agronegócio e o meio-ambiente, por sugestão e patrocínio da senadora Kátia Abreu e então Presidente da Confederação da Agricultura e Pecuária do Brasil (CNA). O tema, "A parábola do divino semeador", procurou se contrapor à campanha "Exterminadores do Futuro" levada a cabo por ambientalistas para denunciar as consequências nefastas do modelo do agronegócio. Contra as críticas, os carnavalescos assumem a defesa dos patrocinadores e da mensagem a veicular. "Hoje há uma consciência quanto à questão ambiental que alcançou o campo. Se antes não era assim, é a hora de se dizer que o que passou, passou" afirma o carnavalesco Cid defendendo a possibilidade de uma conciliação entre produção agrícola e preservação ambiental (Rabello, 2010).

O sucesso deste tipo de publicidade não convencional sugere outras possibilidades: "Vamos promover ações para explorar os eventos esportivos, como circuitos de degustação de vinhos durante a Copa do Mundo e a Olimpíada", comenta Carlos Paviani, diretor-executivo do Instituto Brasileiro de Vinho (Ibravin), que já patrocinou escolas de samba em Porto Alegre/RS e São Paulo/ SP (Santiago, 2013). O setor busca assim chegar a todos os espaços e tipos de públicos, criando uma sensação de omnipresença do agronegócio: o Brasil inteiro é uma grande "fazenda", como dizia Giovanna Antonelli no comercial da Campanha Sou Agro.

O quadro que se segue buscou reunir informações sobre alguns desses desfiles e patrocínios com a temática da agricultura para que se tenha uma dimensão dos investimentos financeiros, mas principalmente simbólicos.

Quadro 8 – Informações sobre os patrocínios das empresas do agronegócio às escolas de samba

Ano	UF	Escola de samba	Tema do Samba-Enredo	Patrocínio	Valor
2016	RJ	Unidos da Tijuca	Sorriso, capital do agronegócio		
2015	RJ	Unidos da Tijuca	Suíça	Syngenta e Nestlé	970 mil
2014	RJ	Unidos da Tijuca	Ayrton Senna	Raízen	795 mil
2013	RJ	Vila Isabel	Agricultura Familiar/ Agronegócio	BASF	10 a 15 mi
2013	RJ	Beija-Flor	Sobre a raça de cavalos manga-larga marchador	Associação Brasileira dos Criadores de Cavalo Mangalarga Marchador	6 mi
2013	RJ	Porto da Pedra	Leite	Danone	

2013	SP	Vai-Vai	Vinicultura	Instituto Brasileiro do Vinho	1,7 mi
2012	RS – Porto Alegre	Estado Maior da Restinga	Vinicultura	Instituto Brasileiro do Vinho	
2011	RJ	Mocidade Independente de Padre Miguel	Agronegócio brasileiro	Confederação de Agricultura e Pecuária do Brasil (CNA)	2,6 mi
2009	RS – Porto Alegre	Carnaval de Rua de Porto Alegre		JBS S.A.	1,18 mi
2006	SP	Império da Casa Verde	Pecuária	Associação dos Criadores de Nelore do Brasil	1 mi
2006	SP	Acadêmicos do Tucuruvi	Rotina e dedicação do trabalhador rural	Federação da Agricultura do Estado de São Paulo (Faesp)	150 mil

Fonte: Elaboração da autora a partir de informações da Internet.

De olho na "generosidade" das empresas ligadas ao campo, as escolas de samba começam a ver vantagem em tratar o tema. Em 2016 a Unidos da Tijuca escolheu levar para a Sapucaí o município de Sorriso, capital do agronegócio brasileiro e da soja, sob promessa de que empresários da região e até a própria prefeitura apoiariam. Mas não tiveram sorte, às vésperas do desfile ainda não tinham conseguido nenhum patrocínio.

Na região estão instaladas as principais corporações que atuam no agronegócio, mas talvez a mensagem que "Semeando Sorriso, a Tijuca festeja o solo sagrado" seja demasiado genérica. O capital no campo vê o território como fonte de lucro, se hoje é aquela região que o garante, então ele se instala lá, mas se logo outra região oferecer mais vantagens, ele se muda. Então, por que vincular sua imagem a um lugar específico, se todo o Brasil é "seu território", ou melhor, nem mesmo as fronteiras são limite para sua atuação?

Mas o agronegócio não ficou fora do carnaval de 2016. A Unidos da Tijuca desfilou, mesmo sem patrocínio, o enredo sobre Sorriso e a escola foi vice-campeã. Mas a grande presença do setor ficou por conta da JBS, que decidiu também apostar no carnaval como espaço privilegiado para a propaganda da sua marca Friboi. Mas não o fez pelo patrocínio de uma escola de samba, até porque isso, como já vimos, gera pouca visualização da marca, mas fechando o patrocínio de um pacote de veiculação de comerciais em mídia nacional com a Rede Globo que

> coloca no ar um novo comercial, novas vinhetas, além de ativações de *merchandising* na Marquês de Sapucaí, no Rio de Janeiro e no Anhembi em São Paulo, da inclusão da logomarca no relógio digital de contagem do tempo dos desfiles e pergunta interativa. (Friboi..., 2016).

Em todas as partes do mundo onde se assistiram os desfiles do Rio de Janeiro e de São Paulo, foi praticamente impossível deixar de ver a logomarca da Friboi e a mensagem de "confiança do início ao fim" daquela que em 2015 foi considerada a maior empresa do agronegócio do Brasil. Em tempos de crise, o agronegócio parece bem confiante nos seus resultados e no espetáculo como o grande meio para a promoção do seu projeto para o país.

A *TRAMA* DO AGRONEGÓCIO

> Tudo é agro. Não existe nenhum cidadão que não tenha uma ligação com o agronegócio, que começa com o lençol da cama que dorme, os alimentos, o combustível que faz o veículo se movimentar (Tabuchi, 2011)

Essa é a afirmação de Adalgiso Telles, diretor corporativo da Bunge, ao divulgar o Movimento Sou Agro. Essa tem sido a aposta do setor – tornar-se uma presença constante na vida dos brasileiros, pelo menos no campo das imagens.

Para isso tem lançado mão dessas múltiplas táticas e mecanismos da indústria cultural que buscamos desvendar, e que formam uma rede complexa e dinâmica, que se recria e amplia, de acordo com as necessidades, de modo a garantir cada vez mais aceitação do agronegócio como um modelo de sucesso, necessário ao país, que contempla os povos do campo e a população urbana, sendo capaz, supostamente, e ao mesmo tempo, de preservar e modernizar tradições.

Não poucas vezes comentamos com pessoas de diferentes partes do Brasil sobre o tema desenvolvido e quase sempre recebíamos como comentário algum exemplo de como este assunto já havia cruzado com as suas vidas, seja em âmbito mais "distante" com exemplos de publicidades na TV ou na internet, seja no âmbito mais local, em geral sobre programas culturais ou esportivos nas suas comunidades.

Embora esses exemplos ainda apareçam como ações singulares e mesmo desvinculadas, nosso esforço, com este mapeamento geral das formas de atuação do agronegócio no campo da cultura, é situá-las dentro de uma estratégia bem planejada, forjada desde a década de 1960, e fortalecida a partir dos anos 1990/2000, para reposicionar a imagem do setor perante a sociedade e ocultar suas contradições, consolidando a hegemonia do setor nas dimensões econômica, política e ideológica.

A imagem que melhor serve a esse propósito é a imagem espetacularizada. A produção de alimentos e outros produtos para exportação, agora todos eles mercadorias com preço regulado na bolsa de ações, só poderia aparecer para a sociedade sob a forma do espetáculo, onde as imagens das grandes plantações, das gigantescas máquinas, mas também das megafeiras e *shows* se repetem e se articulam, dando essa dimensão da amplitude do setor e fazendo com que tudo isso adquira naturalidade e proximidade com as pessoas.

No início dos anos 2000, o campo parecia, e de certa forma era, um lugar isolado. A influência da indústria cultural, quando se fazia sentir, era via rádio, e a arte e a cultura tinham ainda um vínculo forte com a produção agrícola e o trabalho em comunidade. Mas essa realidade rapidamente mudou. A chegada de energia elétrica, dos grandes magazines de venda de eletrodomésticos, em especial, as televisões, e mais recentemente os celulares, as antenas de acesso à internet e de sinal de telefone, entre outras coisas, criaram nesta última década uma relação muito mais próxima entre o mundo rural e o urbano.

A opção dos governos Lula e Dilma pelo fortalecimento do modelo do agronegócio fez com que essa suposta integração do campo ao resto do Brasil se fizesse não como uma política de desconcentração da terra e do acesso a bens e serviços, como educação e saúde de forma generalizada, mas pela via do consumo e das políticas de transferência de renda, a exemplo do Programa Bolsa Família. O índice de pobreza absoluta diminuiu, mas a desigualdade social e a concentração de terras se mantêm.

As empresas do agronegócio, seguindo uma tendência geral do empresariado, começam a ocupar um espaço importante no âmbito da sociedade civil, como executoras de políticas sociais, como é o caso da educação e da cultura:

> Por meio de ações de responsabilidade social, ou seja, de prestação de serviços sociais com vistas à formação de um novo homem e de uma nova cultura cívica, o empresariado em rede, as associações sem fins lucrativos e os governos têm ampliado consideravelmente sua ação na sociedade civil (Neves; Pronko, 2010, p. 108).

A calcular pelos relatórios de investimento social[1] das empresas, na última década, ações culturais do agronegócio teriam beneficiado milhões de pessoas por esse Brasil afora. A Monsanto, por exemplo, estima ter atingido só em 2013 mais de 120 mil beneficiários diretos e pelo menos 70 mil indiretos. Foram milhares de atividades promovidas em cidades e regiões que historicamente sempre ficaram à margem dos circuitos culturais: música erudita, grandes *shows* de duplas sertanejas famosas, apresentações de viola caipira de raiz, peças de teatro, cinema nas praças, oficinas de fotografia, exposições de artes plásticas, espetáculos de dança, entre tantas outras.

O público incrédulo agradece nas redes sociais o *show* gratuito de Zezé Di Camargo e Luciano em Sorriso/MT: "Devíamos é agradecer por nossa cidade ter sido escolhida para receber esse evento", "Presentão de aniversário pra nossa cidade do coração!"

---

[1] Este é o nome do relatório da Monsanto que revela bem o espírito das atividades.

"Verdade mesmo isso???". O poder público local, carente de iniciativas, apoia e garante as condições: "A gente fica muito feliz em receber esse projeto e tenho certeza que vai ser um sucesso", disse o prefeito de Campo Verde sobre projeto da Monsanto que produzirá um livro sobre a cidade. As produtoras culturais e os artistas criam as condições para que este tipo de patrocínio cresça:

> Encontrar empresas como o Rabobank, que valorizam a arte e a cultura e apoiam a ampliação do acesso aos projetos e bens culturais é um privilégio, uma atitude que deve ser reconhecida e aplaudida,

afirma Soraya Galgane, diretora da Elo3, empresa realizadora do projeto Museu Itinerante.

Todos parecem felizes e agradecidos pelas oportunidades que as empresas estão levando até eles. Se atentarmos para o discurso das corporações, esse seria um movimento de "inclusão cultural e social" sem precedentes no interior do Brasil: se não fossem as empresas, estas cidades provavelmente não teriam acesso a quase nenhuma atividade cultural, dirão os gerentes. Mas essa inclusão é no universo da arte como mercadoria pelo sistema que transforma alimentos e a vida com um todo em mercadoria. Segundo Villas Bôas seria este o momento do país

> que consolida o projeto mercantil de inclusão da maioria possível dos integrantes do território como consumidores, em alguma escala, não mais apenas ao nível do imaginário (Villas Bôas, 2012, p. 170).

Eventualmente alguém questiona tamanha generosidade: "Vai ser showzão, Mas... a troco de que um grande *show* desses, tem alguém por trás com alguma intenção. Estamos de olho! Nada vem de graça!".[2] Mas a crítica incipiente logo é desmontada pela perspicácia e retórica dos funcionários de plantão da empresa:

---

[2] Troca de comentários entre Iza Camargo Souza e Concertos Ihara em 06 jun. 2015 (Concertos..., 2015).

Você tem razão. Existe uma intenção. Da empresa Ihara, de defensivos agrícolas, que está completando 50 anos e, para comemorar, está patrocinando esse projeto em 5 cidades do agronegócio de 5 Estados brasileiros. Essa é a maneira da Ihara agradecer e homenagear os produtores rurais e todos os que trabalham pela agricultura! (Concertos..., 2015).

Ao que a "beneficiada" rapidamente responde: "Desculpa a *mal* [*sic*] interpretação, mas como todo povo brasileiro somos desconfiados. Perdoe-me." (Concertos..., 2015, grifo nosso).

Diante de supostos propósitos tão nobres, como não elogiar a ação de tais empresas? Afinal, que mal pode existir na promoção de atividades culturais e artísticas, ainda que estas sirvam para promover a marca das empresas? E se essas empresas "boazinhas" forem as mesmas que expropriam as comunidades de seus territórios e de seus conhecimentos além de causarem graves problemas sociais e ambientais? Melhor que façam algum reparo para as comunidades, nem que seja com cultura? Seria esse um "*marketing* do bem" para usar a mesma expressão que Bucci (2004, p. 181) usou ao escrever sobre o voluntariado social?

Esse é um problema que não parece simples de resolver. Ninguém é contra o acesso da população à arte e à cultura, seja ela local ou de fora, mas, servindo aos propósitos de publicidade, a arte é transformada em mercadoria, e tem como objetivo, entre outros, a cooptação e acomodação dos sujeitos, e mesmo a defesa de um projeto contrário aos interesses das classes populares do campo e da cidade.

Essas ações, que aparecem no senso comum como politicamente "neutras" e socialmente "positivas", estão assentadas em valores mercadológicos e tendem a fragmentar os processos coletivos que ainda possam existir no campo. O agronegócio, se colocando como a "única" opção, força a integração dos pequenos produtores às grandes cadeias produtivas, ou a troca da atividade agrícola por outras no ramo dos serviços e turismo rural

– aos moldes da proposta do Novo Mundo Rural, ou ainda ao êxodo para a cidade.

Buscam, assim, diminuir a força de qualquer projeto alternativo para o campo, em especial a realização de uma política de reforma agrária. Preparam as comunidades para a subalternidade ao agronegócio, nas suas várias dimensões econômica, social, cultural.

Como no tempo da colonização,

> a dominação das multinacionais implica a invasão, geográfica e metafórica, de outros territórios e a imposição aos dominados da língua, dos gostos e da cultura do dominante (Wu, 2006, p. 207).

Como existe um vazio do ponto de vista das políticas culturais do Estado para estes territórios, as empresas encontraram aí um terreno fértil para fazer esse convencimento sobre seu projeto e ao mesmo tempo criarem e fortalecerem seus poderes locais. E o fazem com a conivência e, por que não dizer, apoio direto do Estado: a grande maioria dessas ações é realizada com financiamento via Lei Rouanet, ou seja, recurso público, e em geral, as empresas contam com todo o apoio logístico dos poderes locais. Essas ações pontuais e padronizadas, realizadas por produtoras culturais dos grandes centros urbanos, são no fundo a política cultural que o governo decidiu apoiar no campo.

As populações do campo expropriadas dos seus meios de produção agora o são do seu modo de vida. E aderem a esse mecanismo, em geral, convencidas de ser o melhor para elas.

A observação das relações entre o Agronegócio e a Indústria Cultural na realidade brasileira vem desnudar a continuidade do projeto neoliberal, operando as relações entre Estado e corporações transnacionais, priorizando a extração de mais-valia pelo capital privado, em detrimento da execução das políticas públicas que gerem o bem-estar da população. O discurso publicitário opera como verniz modernizador sobre o chão neoliberal, num contexto de crescimento econômico restrito a certa conjuntura determinada por fatores que não perduraram no tempo, como o alto preço de *commodities* agrícolas e minerais no mercado internacional, que começa a dar sinais de crise. Essa dinâmica foi chamada de neodesenvolvimentismo, e muitos pesquisadores atestaram que seria o rompimento com o neoliberalismo. E, aqui, identificamos a vigência de padrões neoliberais na gestão do recurso público voltado à cultura, sendo operado com muita eficácia pelo setor agrícola para legitimar o modelo do agronegócio perante a sociedade.

> Investindo em cultura [via as leis de incentivo fiscal], o empresário obtém vantagens nas duas grandes disputas do capitalismo. Ao divulgar sua marca, pode ocupar espaço dos concorrentes, se beneficiando na disputa capital *x* capital. Ao ter o controle ideológico dos projetos culturais patrocinados, contribui para a manutenção da hegemonia da classe dominante, se beneficiando enquanto classe na disputa capital *x* trabalho. As políticas culturais neoliberais seguem, portanto, a mesma lógica das demais políticas neoliberais, ou seja, tem como objetivo aumentar o poder de classe (Augustin, 2011).

Ainda que a reforma agrária continue sendo combatida com balas, falta de recursos e criminalização, hoje o que se coloca em questão é a necessidade da sua existência. O agronegócio se apropriou da linguagem dos movimentos sociais e hoje incorpora todas as "promessas" que a reforma agrária carregava: não deixar a terra ociosa, produzir comida, cuidar do meio ambiente, integração campo e cidade, cultura e inclusão social.

O agronegócio capilarizou sua ação em aparelhos e estruturas em que a reforma agrária foi capaz de criar propostas próprias, como a Educação do Campo para as escolas de assentamento.

Está colocado aí um enorme desafio para aqueles que lutam pela desconcentração da terra e por uma reforma agrária popular no Brasil. A atuação articulada do capital no campo nas esferas da economia, política e cultura tem efeitos devastadores não só a curto prazo, como também para as futuras gerações. Por isso, é urgente fortalecer a luta no plano da batalha das ideias e da formação cultural e humana, ao mesmo tempo em que se tomam para a reforma agrária as terras do latifúndio que não cumprem a função social, fortalecendo modelos contra-hegemônicos, como a agroecologia, a cooperação agrícola e as agroindústrias sob controle dos trabalhadores e trabalhadoras para produção de alimentos saudáveis, tendo em vista uma perspectiva de transformação social.

REFERÊNCIAS

2º PRÊMIO Syngenta de Música Instrumental de Viola. *Kalamata*, Campinas, 2006. Instrumental/Clássico. Disponível em: <http://www.kalamata.com. br/site/cds/2-premio-syngenta-de-musica-instrumental-de-viola/>. Acesso em: 10 jan. 2015.

ARAÚJO, Alberto. Girl cycling in the middle of rainforest burned at rural settlement area. On the eve of Children's Day. In: The Syngenta Photography Award. *Deforestation*. 2013. Disponível em: <http://ruralurban.syngentaphoto.com/the-exhibition/deforestation/index.html>. Acesso: 10 jan. 2016.

A REVOLUÇÃO foi televisionada: entrevista a Maria Eugênia da Rocha, 2015. *Revista Nacional da Carne*, São Paulo, ano 38, n. 456, p. 08-13, mar./abr. 2015. Disponível em: <http://nacionaldacarne.com.br/revista/edicao-456/>. Acesso em: 14 nov. 2015.

ASSOCIAÇÃO BRASILEIRA DE AGRONEGÓCIO; ESCOLA SUPERIOR DE PROPAGANDA E MARKETING. A percepção da população dos grandes centros urbanos sobre o agronegócio brasileiro. *In: Pesquisa Nacional sobre Agronegócio 2013*. São Paulo, 2013. Disponível em: <http://abag. com.br/pdf/Analise_ABAG_Nacional.pdf>. Acesso em: 30 abr. 2013.

ABIMAQ: 2,6 bilhões de Reais em negócios marcam edição histórica dos vinte anos da Agrishow. *In:* ASSOCIAÇÃO BRASILEIRA DA INDÚSTRIA DE MÁQUINAS E EQUIPAMENTOS. São Paulo, maio 2013. Disponível em: <http://www.abimaq.org.br/site.aspx/Abimaq-Informativo-Mensal-Infomaq? DetalheClipping=32&CodigoClipping=601>. Acesso em: 22 jan. 2016.

AGÊNCIA NACIONAL DO CINEMA (Brasil). *Cinema Perto de Você*. Brasília, 2012 Disponível em: <http://cinemapertodevoce.ancine.gov.br/>. Acesso em: 05 jan. 2016.

AGRICULTORES ainda esperam liberação dos recursos para a próxima safra. *In: G1*. Jornal Nacional. Rio de Janeiro, 14 maio 2015. Disponível em: <http:// g1.globo.com/jornal-nacional/noticia/2015/05/agricultores-ainda-esperam-liberacao-dos-recursos-para-proxima-safra.html>. Acesso em: 03 nov. 2015.

AGRICULTORES ocupam unidade de empresa que produz transgênicos. *In: G1*, Petrolina, 16 out. 2013. Disponível em: <http://g1.globo.com/pernambuco/noticia/2013/10/agricultores-ocupam-unidade-de-empresa-que-produz--transgenicos.html>. Acesso em: 02 fev. 2016.

AGRONEGÓCIO ao lado da cultura em Ribeirão Preto. *Associação Brasileira do Agronegócio da Região de Ribeirão Preto*, Ribeirão Preto, 07 fev. 2014. Notícias. Disponível em: <http://www.abagrp.org.br/noticiasDetalhes. php?id=92>. Acesso em: 22 jan. 2016.

ALENTEJANO, Paulo. Modernização da Agricultura. *In:* CALDART, Roseli *et al.* (Org.). *Dicionário da Educação do Campo.* Rio de Janeiro: Escola Politécnica de Saúde Joaquim Venâncio; São Paulo: Expressão Popular, 2012. p. 477- 483.

_____. Terra. *In:* CALDART, Roseli *et al.* (Org.). *Dicionário da Educação do Campo.* Rio de Janeiro: Escola Politécnica de Saúde Joaquim Venâncio; São Paulo: Expressão Popular, 2012. p. 742-745.

ARCHILLI, Stefanie. Público ovaciona Bachiana na ESALQ. *Jornal de Piracicaba,* Piracicaba, 17 jan. 2015. Cidade/A8. Disponível em: <http://www.esalq. usp.br/acom/clipping/arquivos/17-01_publico_ovaciona_Bachiona_na--ESALQ_JP.pdf>. Acesso em: 20 nov. 2015.

ARTHUR Moreira Lima faz concerto ao ar livre dia 18 em Dourados. *Jornal Agora MS,* Dourados, 12 mar. 2012. Disponível em: <http://www.agorams.com. br/jornal/2012/03/arthur-moreira-lima-faz-concerto-ao-ar-livre-dia-18-em--dourados/>. Acesso em 04 fev. 2016.

AS 500 MAIORES da Dinheiro Rural. *Revista Dinheiro Rural,* São Paulo, ano 11, n. 132, p. 116-134, dez. 2015/jan. 2016.

AUGUSTIN, A. C. O neoliberalismo e seu impacto na política cultural brasileira. *In:* SEMINÁRIO INTERNACIONAL POLÍTICAS CULTURAIS, II, 2011, Rio de Janeiro. *Anais do II Seminário Internacional Políticas Culturais.* Rio de Janeiro: Fundação Casa de Rui Barbosa/Ministério da Cultura, 2011. p. 01-22.

BADEN-MAYER, Alexis. Monsanto: 25 doenças que podem ser causadas pelo agrotóxico glifosato. *In: Carta Maior,* São Paulo. 17 fev. 2015. Disponível em: <http://cartamaior.com.br/?%2FEditoria%2FMeio--Ambiente%2FMonsanto-25-doencas-que-podem-ser-causadas-pelo-agrotoxico-glifosato%2F3%2F32891>. Acesso em: 27 out. 2015.

BASF. 2.100 jovens de Bebedouro (SP) ganham peça teatral sobre sustentabilidade. *In:* BASF. *Imprensa.* São Paulo, 02 ago. 2012. Disponível em: <http://www.agro.basf.com.br/agr/ms/pt_BR/content/APBrazil/news_room/releases/02_08_2012>. Acesso em: 08 jan. 2016.

BASTOS, Manoel Dourado; STEDILE, Miguel Enrique; VILLAS BÔAS, Rafael Litvin. Indústria Cultural e Educação. *In:* CALDART, Roseli *et al.* (Org.). *Dicionário da Educação do Campo.* Rio de Janeiro/ São Paulo: Escola Politécnica de Saúde Joaquim Venâncio/Expressão Popular, 2012. p. 412-419.

BELTRÁ, Daniel. Cattle ranch on former Amazon rainforest land in Agua Boa, Mato Grosso, Brazil. *In:* The Syngenta Photography Award. *Deforestation.* 2013. Disponível em: <http://ruralurban.syngentaphoto.com/the-exhibition/deforestation/index.html>. Acesso: 10 jan. 2016.

_____, Daniel. Man made fire on the 'cerrado' near Araguaya River outside of Araguaya National Park, Mato Grosso, Brazil to clear the land for cattle use. *In:* The Syngenta Photography Award. *Deforestation.* 2013. Disponível em: <http://ruralurban.syngentaphoto.com/the-exhibition/deforestation/index. html>. Acesso: 10 jan. 2016.

_____, Daniel. Spared patch of rainforest surrounded by soy fields south of Itaituba, Para State Brazil. *In:* The Syngenta Photography Award. *Deforestation.*

2013. Disponível em: <http://ruralurban.syngentaphoto.com/the-exhibition/deforestation/index.html>. Acesso: 10 jan. 2016.

BERNSTEIN, Henry. *Dinâmicas de classe na mudança agrária*. São Paulo: UNESP, 2011.

BRACCO, Christiane. CineMonsanto atinge 16 mil pessoas. *Tribuna Paraná Online*, 19 jan. 2013. Almanaque. Disponível em: <http://www.parana-online.com.br/editoria/policia/news/156397/>. Acesso em: 14 nov. 2015.

BRASIL. Conselho Nacional de Autorregulamentação Publicitária. Alteração da Campanha "Monsanto – Se você já pensou num mundo melhor, você já pensou em transgênicos". Representação n. 357/03 (em recurso extraordinário). Autor: Grupo de consumidores (Idec e outros). Anunciante e agência: Monsanto e Fischer América. Relator: Pedro Kassab, José Francisco Queiroz (voto vencedor em recurso ordinário) e Claudia Wagner (voto vencedor em recurso extraordinário). *In: Conselho Nacional de Autorregulamentação Publicitária*. Out. 2004. Disponível em: <http://www.conar.org.br/processos/detcaso.php?id=2541>. Acesso em: 23 out. 2015.

_____. Ministério da Agricultura, Pecuária e Abastecimento. *Plano agrícola e pecuário 2014/2015*. Brasília, 2014b. Disponível em: <http://www.agricultura.gov.br/arq_editor/PAP%202014-2015.pdf>. Acesso em: 08 jan. 2016.

_____. Ministério da Agricultura, Pecuária e Abastecimento. *Relatório de Gestão 2013*. Brasília, 2013. Disponível em: <http://www.agricultura.gov.br/arq_editor/relat_gestao_web.pdf>. Acesso em: 08 jan. 2014.

_____. Ministério da Cultura. *SalicNet*: Sistema de Apoio às Leis de Incentivo à Cultura. Brasília, [2015]. Disponível em: <http://sistemas.cultura.gov.br/salicnet/Salicnet/Salicnet.php>. Acesso em: nov. 2015.

_____. Ministério da Cultura. *Cultura Viva*: Apresentação da Equipe da Secretaria da Cidadania e Diversidade Cultural. Brasília, 2012. Disponível em: <http://www2.cultura.gov.br/culturaviva/wp-content/uploads/2012/03/Apresentacao-cultura-viva-2012-site.pdf>. Acesso em 20 jan. 2016.

_____. Ministério da Cultura. *Nova Lei da Cultura*: informativo sobre o projeto de lei que cria o Programa Nacional de Fomento e Incentivo à Cultura. Brasília, 2010. Disponível em: <http://www2.cultura.gov.br/site/wp-content/uploads/2010/01/projeto-15-28jan10-web.pdf>. Acesso em: 10 jan. 2016.

_____. Ministério da Cultura. *Plano Nacional de Cultura*: meta 23. Brasília, [2016a]. Disponível em: <http://pnc.culturadigital.br/metas/15-mil-pontos-de-cultura-em-funcionamento-compartilhados-entre-o-governo-federal-as-unidades-da-federacao-ufs-e-os-municipios-integrantes-do-sistema-nacional-de-cultura-snc/>. Acesso em: 02 fev. 2016.

_____. Ministério da Cultura. *Vale-Cultura*. Brasília, [2016b]. Disponível em: <http://www.cultura.gov.br/valecultura>. Acesso em: 30 jan. 2016.

_____. Ministério do Desenvolvimento Agrário. *Plano Safra da Agricultura Familiar 2014-2015*. Brasília, 2014a. Disponível em: <http://www.mda.gov.br/sitemda/sites/sitemda/files/user_img_19/Cr%C3%A9dito%20Rural%20do%20Pronaf%202014-2015_0.pdf>. Acesso em: 08 jan. 2016.

BRUNO, Regina. Agronegócio, palavra política. *In*: BRUNO, Regina. *Um Brasil ambivalente*. Rio de Janeiro: Mauad X; Seropédica, Rio de Janeiro: EDUR, 2009.

_____. Movimento Sou Agro: *marketing, habitus* e estratégias de poder do agronegócio. *In:* ENCONTRO ANUAL DA ANPOCS, 36º, 2012, Águas de Lindóia. *Anais do 36º Encontro Anual da Anpocs:* GT 16 – Grupos Dirigentes e Estrutura de Poder. Águas de Lindóia: Anpocs, 2012. Disponível em: <http://portal.anpocs.org/portal/index.php?option=com_docman&task=doc_details&gid=8027&Itemid=217>. Acesso em: 15 abr. 2013.

BUCCI, Eugênio. A solidariedade que não teme aparecer (ou o voluntariado para ajudar a quem ajuda). *In:* BUCCI, Eugênio; KEHL, Maria Rita. *Videologias:* ensaios sobre televisão. São Paulo: Boitempo, 2004. (Coleção Estado de Sítio).

BUNGE apóia a revitalização do Teatro Guarany, de Santos (SP). *In:* BUNGE. Imprensa: notícias. São Paulo, 18 dez. 2008. Disponível em: <http://www.bunge.com.br/Imprensa/Noticia.aspx?id=143>. Acesso em: 18 jun. 2013.

BUNGE. Sustentabilidade: nossos princípios. São Paulo, [2012]. Disponível em: <http://www.bunge.com.br/sustentabilidade/Nossos_Principios.aspx>. Acesso em: 12 jan. 2015.

CAMPANHA com Tony Ramos rende R$ 300 milhões ao JBS. *In:* PORTAL BRASIL 247. Goiás, 10 set. 2013. Disponível em: <http://www.brasil247.com/pt/247/goias247/114479/Campanha-com-Tony-Ramos-rende-R$-300--milh%C3%B5es-ao-JBS.htm>. Acesso em: 21 nov. 2015.

CAMPANHA do Movimento Sou Agro estreia nos meios de comunicação. *In:* PORTAL SOU AGRO. São Paulo, 17 jul. 2011. Disponível em: <http://souagro.com.br/campanha-do-movimento-sou-agro-estreia-nos-meios-de--comunicacao/>. Acesso em: 18 de jun. 2013.

CAMPANHA PERMANENTE CONTRA OS AGROTÓXICOS E PELA VIDA. *Carta ao GRES Vila Isabel.* Rio de Janeiro, 2013. Disponível em: <http://www.contraosagrotoxicos.org/index.php/materiais/notas-cartas-e--mocoes/carta-campanha-contra-os-agrotoxicos-ao-gres-vila-isabel/detail>. Acesso em: 18 jan. 2016.

CAMPEÃ no Rio, Vila Isabel recebeu aporte da Basf para o desfile de 2013. *In:* ASSOCIAÇÃO BRASILEIRA DE *MARKETING* RURAL E AGRONEGÓCIO. São Paulo, 19 fev. 2013. Disponível em: <http://abmra.org.br/abmrablog/?p=769>. Acesso em: 18 jan. 2016.

CAMPOS, Christiane Senhorinha Soares; CAMPOS, Rosana Soares. Soberania Alimentar como alternativa ao agronegócio no Brasil. *In: Scripta Nova*, Barcelona, ano 11, n. 245, p. 01-14, 01 ago. 2007. Disponível em: <http://www.ub.edu/geocrit/sn/sn-24568.htm>. Acesso em: 12 jan. 2015. Trabalho apresentado ao 9º Coloquio de Geocritica.

CARGILL. No Caminho das Águas. *In:* CARGILL. São Paulo, 17 abr. 2013. Disponível em: <http://www.cargill.com.br/pt/noticias/NA3073044.jsp>. Acesso em: 12 jan. 2016.

CARVALHO, Luiz Carlos Corrêa. Geopolítica do alimento e da energia. *In:* ASSOCIAÇÃO BRASILEIRA DO AGRONEGÓCIO. São Paulo, 2012. Disponível em: <http://www.abag.com.br/index.php?option=com_content&view=article&id=80:geopolitica-do-alimento-e-da--energia&catid=13&Itemid=143>. Acesso em 01 de jun. de 2014.

CASTRO, Daniel. Globo bate o martelo: Trama rural de Ruy Barbosa substitui A Regra do Jogo. *In:* PORTAL UOL. Notícias da TV. 29 set. 2015. Disponível em: <http://noticiasdatv.uol.com.br/noticia/novelas/globo-bate-o-martelo-trama-rural-de-ruy-barbosa-substitui-regra-do-jogo-9324#ixzz48JE5PzIN>. Acesso em: 31 out. 2015.

CAVECHINI, Benê. Força e versatilidade num ano difícil – De uma forma geral, as feiras agropecuárias tiveram forte crescimento em 2014 e mostram dinamismo para 2015. *Revista Globo Rural,* São Paulo, n. 351, p. 73-75, jan. 2015.

FUNDAÇÃO BUNGE. Histórico Manah. *Centro de Memória Bunge.* São Paulo, [2009]. Disponível em: <http://www.fundacaobunge.org.br/acervocmb/assets/historicos/historico-manah.pdf>. Acesso em: 12 out. 2015.

_____. O Brasil da Soja. *Centro de Memória Bunge.* São Paulo, [2005?]. Disponível em: <http://www.fundacaobunge.org.br/acervocmb/especial/soja/>. Acesso em: 12 out. 2015.

_____. O Brasil das Embalagens. *Centro de Memória Bunge.* São Paulo, [2008]. Disponível em: <http://www.fundacaobunge.org.br/acervocmb/especial/embalagens/>. Acesso em: 12 out. 2015.

CERIMÔNIA oficializa entrega do 60º Prêmio Fundação Bunge. *In:* FUNDAÇÃO BUNGE. São Paulo, 05 out. 2015. Novidades. Disponível em: <http://www.fundacaobunge.org.br/novidades/novidade.php?id=18877&/cerimonia_oficializa_entrega_do_60%BA_premio_fundacao_bunge>. Acesso em: 02 fev. 2016.

CEVASCO, Maria Elisa. Prefácio. *In:* JAMESON, Fredric. *A cultura do dinheiro:* ensaios sobre a globalização. Petrópolis: Vozes, 2001.

CHAVES, Fábio. JBS-Friboi contrata Tony Ramos em campanha de publicidade milionária. *In:* VISTA-SE. São Paulo, 08 abr. 2013. Disponível em: <https://vista-se.com.br/jbs-friboi-contrata-tony-ramos-em-campanha-de-publicidade-milionaria/>. Acesso em: 22 nov. 2015.

CINEMONSANTO inicia sexta temporada em Sorriso/MT. *Agrolink,* Porto Alegre, 17 ago. 2011a. Disponível em:< http://www.agrolink.com.br/aftosa/artigo/cinemonsanto-inicia-sexta-temporada-em-sorriso-mt_134769.html>. Acesso em: 20 dez. 2015.

CINEMONSANTO. *Cinemagia.* São Paulo, [2015]. Disponível em: <http://cinemagiabr.com/cine-monsanto/>. Acesso em: 14 nov. 2015.

CIRCUITO Estradafora Monsanto chega a Rio Verde/GO no dia 16. *Agrolink,* Porto Alegre, 08 abr. 2008. Disponível em: <http://www.agrolink.com.br/sementes/NoticiaDetalhe.aspx?codNoticia=87965>. Acesso em: 15 nov. 2015.

CIRCUITO Syngenta de Viola Instrumental inicia temporada em Cuiabá. *In:* PORTAL DO AGRONEGÓCIO. Belo Horizonte, 04 set. 2013. Disponível em: <http://www.portaldoagronegocio.com.br/noticia/circuito-syngenta-de-viola-instrumental-inicia-temporada-em-cuiab-2569>. Acesso em: 13 dez. 2015.

CIRCUITO Syngenta de Viola Instrumental: o evento. *In:* SYNGENTA. São Paulo, 2011. Disponível em: <http://www.circuitosyngentadeviola.com.br/WEB/>. Acesso em: 01 maio 2013.

COLETIVOS DE COMUNICAÇÃO, CULTURA E JUVENTUDE DA VIA CAMPESINA. *Agitação e Propaganda no Processo de Transformação Social,* São Paulo: Via Campesina, 2007.

COM projeto pioneiro de patrocínio no setor agrícola, BASF homenageia o agricultor brasileiro. *In:* BASF. Rio de Janeiro, 06 jul. 2012. Disponível em: <http://www.agro.basf.com.br/agr/ms/pt_BR/content/APBrazil/news_room/releases/06_07_2012>. Acesso em: 18 jan. 2016.

CONCERTOS Ihara. *In:* FACEBOOK. 2015. Disponível em: <https://www.facebook.com/Concertos-IHARA-837029139719001/>. Acesso em: 20 nov. 2015.

CONSENSO do Agronegócio. *In:* GLOBAL AGRIBUSINESS FORUM, 14, 2014. São Paulo. Global Agribusiness Forum – GAF Academy. São Paulo: DATAGRO Publicações LTDA, 2014. p. 30-44. Disponível em: <http://pt.globalagribusinessforum.com/gaf14/wp-content/themes/globalagribusinessforum/downloads/GAF-ACADEMY-FINAL.pdf>. Acesso em: 16 jan. 2015.

COUTINHO, Carlos Nelson. *Gramsci:* Um estudo sobre seu pensamento político. Rio de Janeiro: Campus, 1989.

CULTURA recebeu mais de R$ 1 bi a partir de incentivos fiscais em 2015. *In:* PORTAL BRASIL. Brasília, 06 jan. 2016. Disponível em: <http://www.brasil.gov.br/cultura/2016/01/cultura-recebeu-mais-de-r-1-bi--a-partir-de--incentivos-fiscais-em-2015>. Acesso em: 28 jan. 2016.

CUNHA, Luiz A.; GÓES, Moacir. *O Golpe na Educação.* Rio de Janeiro: Zahar, 1985.

CUTRALE devolve um pouco do muito que a cidade deu. *Jornal de Araraquara,* Araraquara, 20 abr. 2013a. Disponível em: <http://www.jornaldeararaquara.com.br/index.pas?codmat=58518&pub=2&edicao=>. Acesso em: 18 jun. 2013.

CUTRALE doa 400 kits pedagógicos à Prefeitura no Dia do Livro. *In:* ARARAQUARA. Prefeitura Municipal de Araraquara. Araraquara, 18 abr. 2013b. Disponível em: <http://www.araraquara.sp.gov.br/Noticia/Noticia.aspx?IDNoticia=7616>. Acesso em: 01 maio 2013.

DAMASCENO, Lupércio. Agronegócio e Indústria Cultural: mercantilização e homogeneização da vida e da arte. *In: CARTILHA Pré-CONEA 54º Congresso Nacional dos Estudantes de Agronomia.* Belém: Federação dos Estudantes de Agronomia do Brasil, [2011]. Disponível em: <https://feab.files.wordpress.com/2008/08/cartilha-prc3a9-conea-belc3a9m.pdf>. Acesso em: 04 ago. 2014.

DEBORD, Guy. *A Sociedade do Espetáculo.* eBookLibris, 2003. Disponível em: <http://www.cisc.org.br/portal/biblioteca/socespetaculo.pdf>. Acesso em: 10 abr. 2014.

DELGADO, Guilherme. A questão agrária no Brasil 1950-2003. *In:* JACCOUD, Luciana (Org.). *Questão Social e Políticas Sociais no Brasil Contemporâneo.* Brasília: IPEA, 2005.

_____. Economia do Agronegócio (Anos 2000) como Pacto do Poder com os Donos da Terra. *Reforma Agrária,* Campinas, ed. especial, p. 61-68, jul. 2013a. Fascículo especial "Agronegócio e realidade Agrária no Brasil". Disponível em: <http://www.abrareformaagraria.com.br/indez.php/publicacoes/revistas>. Acesso em: 14 set. 2014.

_____. O Que Significa a Economia política do Agronegócio no Brasil Atual (Anos 2000). *In:* BIBLIOTECA DIGITAL DA QUESTÃO AGRÁRIA BRASILEIRA. São Paulo, 2013b. Disponível em: <http://www.reformaagrariaemdados.org.br/biblioteca/artigo-e-ensaio/o-que-significa-economia--pol%C3%ADtica-do-agroneg%C3%B3cio-no-brasil-atual-anos-200>. Acesso em: 10 dez. 2015.

_____. Para onde vai a economia do agronegócio? *In:* MOVIMENTO DOS TRABALHADORES RURAIS SEM TERRA. São Paulo, 11 mar. 2014. Artigos/Agronegócio. Disponível em: <http://www.mst.org.br/2014/03/11/guilherme-delgado-para-onde-vai-a-economia-do-agronegocio.html>. Acesso em: 14 set. 2014.

DEMARIO, Camilla. Gerente de comunicação da JBS fala sobre investimentos publicitários da Seara e Friboi: entrevista a Alexandre Inácio. *Portal Imprensa,* São Paulo, 04 abr. 2014. Caderno de Mídia. Disponível em: <http://www.portalimprensa.com.br/cdm/caderno+de+midia/65001/gerente+de+comun icacao+da+jbs+fala+sobre+investimentos+publicitarios+da+seara+e+friboi>. Acesso em: 14 nov. 2015.

DEMOCRATIZAR a cultura não é um lema vazio, diz ministro Juca Ferreira. *Agência EFE,* Madri, 09 jul. 2015. Brasil Cultura. Disponível em: <http://www.efe.com/efe/brasil/cultura/democratizar-a-cultura-n-o-e-um-lema--vazio-diz-ministro-juca-ferreira/50000241-2660983>. Acesso em: 20 jan. 2016.

DESCUBRA como os sertanejos milionários investem a grana. *Cidade Verde,* Teresina, 07 nov. 2014. Geral. Disponível em: <http://cidadeverde.com/noticias/177965/descubra-como-os-sertanejos-milionarios-investem-a-grana>. Acesso em: 05 jan. 2016.

DIAS, Juliana. Para ir além do alimento-mercadoria. *Outras Palavras,* São Paulo, 25 abr. 2014. Disponível em: <http://outraspalavras.net/posts/para-ir-alem--do-alimento-mercadoria/>. Acesso em: 01 ago. 2014.

DOW. *Programação cultural reaviva tradições de Matarandiba.* Salvador, 12 jan. 2013. Disponível em: <http://www.dow.com/brasil/noticias/release. aspx?id=136> Acesso em: 01 maio 2013.

DURAND, José Carlos. *Política Cultural e Economia da Cultura.* Cotia: Ateliê Editorial; São Paulo: SESC SP, 2013.

ELO3 INTEGRAÇÃO EMPRESARIAL. *Projetos para investimento.* São Paulo, [2015]. Disponível em: <http://www.elo3.com.br/portal/index.php/projetos-para-investimento.html>. Acesso em: 10 jan. 2016.

_____. *Quem somos.* São Paulo, [2015]. Disponível em: <http://www.elo3.com.br/portal/index.php/quem-somos.html>. Acesso em: 10 jan. 2016.

_____. *Serviços.* São Paulo, [2015]. Disponível em: <http://www.elo3.com.br/portal/index.php/servicos.html>. Acesso em: 10 jan. 2016.

EM PARCERIA com a Vila Isabel, BASF apoia homenagem ao produtor rural e à agricultura no carnaval. *BASF,* São Paulo, 08 fev. 2013. Agro News. Disponível em: <http://www.agro.basf.com.br/agr/ms/apbrazil/pt_BR/content/APBrazil/news_room/releases/13_02_2013>. Acesso em: 18 jun. 2013.

ESTRUTURA já está pronta para a Festa do Feijão. *Patos Agora*, Patos de Minas, 2013. Disponível em: <http://www.patosagora.net/noticias/?=25EQAoySsM>. Acesso em 23 jan. 2016.

EXPOINGÁ. Programação: Shows. *Blogscapes*, Maringá, 15 abr. 2015. Disponível em: <http://blogscapes.com.br/social/expoinga-2015-shows-e-barraca-universitaria/>. Acesso em: 23 jan. 2016.

FAO e OCDE preveem crescimento menor da produção agrícola. *In: G1. Globo Rural*. São Paulo, 2013. Disponível em: <http://g1.globo.com/economia/agronegocios/noticia/2013/06/fao-e-ocde-preveem-crescimento-menor-da--producao-agricola.html>. Acesso em: 05 jan. 2014.

FAUS, Joan. A imagem ruim força a Monsanto a mudar de estratégia. *El País*, Saint Louis, 12 abr. 2014. Internacional. Disponível em: <http://brasil.elpais.com/brasil/2014/04/12/internacional/1397254202_484113.html>. Acesso em: 23 nov. 2015.

FERNANDES, Bernardo M.; MOLINA, Monica C. O campo da educação do campo. *In:* NÚCLEO DE ESTUDOS, PESQUISA E PROJETOS DE REFORMA AGRÁRIA. Presidente Prudente, 2005. Disponível em: <http://www2.fct.unesp.br/nera/publicacoes/ArtigoMonicaBernardoEC5.pdf> Acesso em: 18 de jun. de 2013.

FILADÉLFIA-BA: Festa do Feijão 2014. *Ponto Novo*, Ponto Novo, 12 set. 2014. Disponível em: <http://www.pontonovo.net/2014/09/filadelfia-ba-festa-do--feijao-2014.html>. Acesso em: 23 jan. 2016.

FRIBOI entra no clima e patrocina carnaval. *In:* JBS. Press Releases. São Paulo, 11 jan. 2016. Disponível em: <http://www.jbs.com.br/pt-br/centro_midia/press_releases/friboi-entra-no-clima-e-patrocina-carnaval>. Acesso em: 04 fev. 2016.

FUNDAÇÃO RAÍZEN. Home. [2015]. Disponível em: <http://www.fundacaoraizen.org.br/>. Acesso em: 12 dez. 2015.

GAROTAS de programa chegam a cobrar R$5 mil no Agrishow. *Olhar Direto*, Cuiabá, 05 maio 2013. Notícias/ Brasil. Disponível em: <http://www.olhardireto.com.br/noticias/exibir.asp?id=319198>. Acesso em: 18 jan. 2016.

GO: ESPETÁCULO cênico patrocinado pela Syngenta estreia em Formosa. *Página Rural*, 07 ago. 2013. Arte e Cultura – Teatro. Disponível em: <http://www.paginarural.com.br/noticia/192588/espetaculo-cenico-patrocinado-pela--syngenta-estreia-em-formosa>. Acesso em: 12 jan. 2015.

GOMES, Rogéria. Aracruz realiza projeto cultural em Helvécia. *In:* CB PROJETOS SOCIAIS. Rio de Janeiro, 2011. Disponível em: <http://cbprojetossociais.blogspot.com.br/2011/09/190811-auto-de-sao-benedito-faz-sucesso.html>. Acesso em: 01 maio 2013.

GRAZIANO, Xico. Reino de Mapitoba. *Jornal Estado de São Paulo*, São Paulo, 14 maio 2013. Opinião. Disponível em: <http://opiniao.estadao.com.br/noticias/geral,reino-de-mapitoba-imp-,1031544>. Acesso em: 30 out. 2015.

GRUPPI, Luciano. *O conceito de hegemonia em Gramsci*. Rio de Janeiro: Graal, 1978.

GUDYNAS, E. Estado compensador y nuevos extractivismos: las ambivalencias del progresismo sudamericano. *Nueva Sociedad*, Buenos Aires, n. 237, p. 128-146, enero/feb. 2012.

HAUG, Wolfgang Fritz. *Crítica da Estética da Mercadoria*. São Paulo: Fundação Editora da UNESP, 1997.

IHARA. Ihara apoia comédia teatral "Irmãos, Irmãos... negócios à parte". Sorocaba, [2015]. Disponível em: < http://www.ihara.com.br/comunicando/ihara-na-midia/ihara-apoia-comedia-teatral-irmaos-irmaosnegocios-a-parte-em-sao/3887/>. Acesso em: 12 dez. 2015.

INSTITUTO BRASILEIRO DE DEFESA DO CONSUMIDOR. "Transgênicos: 10 anos à solta": entrevista a Marijane Lisboa. *In: Revista IDEC*. N. 182. Novembro 2013. Disponível em: <http://www.idec.org.br/em-acao/revista/internet-meia-boca/materia/transgenicos-10-anos-a-solta>. Acesso em: 31 out. 2015.

J&F 'elegeu' a maior bancada da Câmara. Instituto Humanitas Unisinos, São Leopoldo, 2014. Disponível em: <http://www.ihu.unisinos.br/noticias/537173-jaf-elegeu-a-maior-bancada-da-camara>. Acesso em: 28 jan. 2015.

JARDIM, Arnaldo. O dia da verdade sobre a energia que vem da cana. *In: União dos Produtores de Bioenergia (UDOP)*, Araçatuba, 03 jan. 2014. Informações disponíveis em: <http://www.udop.com.br/index.php?item=noticias&cod=1 112299#nc>. Acesso em: 31 maio 2014.

JBS. JBS apóia Cia Brasileira de Ballet. *In: JBS*. São Paulo, [2013]. Disponível em: <http://www.jbs.com.br/responsabilidadesocial.aspx>. Acesso em: 01 maio 2013.

JBS. Sustentabilidade, presente em todas as nossas operações. *In: JBS*. São Paulo, 2012. Disponível em: <http://www2.jbs.com.br/Folder_JBS_Susten.pdf>. Acesso em: 12 jan 2015.

KÁTIA Abreu acusa empresa de fazer propaganda enganosa. *Jornal do Senado,* Brasília, 16 ago. 2013. Economia. Disponível em: <http://www12.senado.gov. br/jornal/edicoes/2013/08/16/katia-abreu-acusa-empresa-de-fazer-propaganda-enganosa>. Acesso: em 21 nov. 2015.

KEHL, Maria Rita. O espetáculo como meio de subjetivação. *In:* BUCCI, Eugênio; KEHL, Maria Rita. *Videologias:* ensaios sobre televisão. São Paulo: Boitempo, 2004.

_____. Visibilidade e espetáculo. *In:* BUCCI, Eugênio; KEHL, Maria Rita. *Videologias:* ensaios sobre televisão. São Paulo: Boitempo, 2004.

LACERDA, Alice Pires. Democratização da Cultura *X* Democratização Cultural: os Pontos de Cultura enquanto política cultural de formação de público. *In:* Seminário Internacional Políticas Culturais: teoria e práxis. Rio de Janeiro, 2010. *Políticas Culturais: teorias e práxis*. Rio de Janeiro: Fundação Casa de Rui Barbosa, 2010. Disponível em: <http://culturadigital. br/politicaculturalcasaderuibarbosa/files/2010/09/02-ALICE-PIRES-DE-LACERDA.1.pdf>. Acesso em: 08 jan. 2016.

"LATIFÚNDIO não existe mais" diz ministra da agricultura a jornal. *Valor Econômico,* São Paulo, 05 jan. 2015. Disponível em: <http://www.valor.com.br/politica/3843860/latifundio-nao-existe-mais-diz-ministra-da-agricultura-jornal>. Acesso em: 25 jan. 2015.

LEAL, Natacha Simei. *"É de Agronegócio!":* Circuitos, relações e trocas entre peões de manejo, peões de rodeio e tratadores de gado em feiras de pecuária. 2008. 174f. Dissertação de Mestrado em Antropologia Social. Faculdade de Filosofia, Letras e Ciências Humanas. Universidade de São Paulo, 2008. Disponível em: <http://www.teses.usp.br/teses/disponiveis/8/8134/tde-07042009-162728/pt-br.php>. Acesso em: 16 jan. 2016.

LEIS: Por que incentivar? *Versa*, [2015]. Para Empresas. Disponível em: <http://www.versa.art.br/patrocinadores.php>. Acesso em: 13 dez. 2015.

LEITE, Sérgio; MEDEIROS, Leonilde. Agronegócio. *In:* CALDART, Roseli *et al.* (Orgs.). *Dicionário da Educação do Campo.* Rio de Janeiro/São Paulo: Escola Politécnica de Saúde Joaquim Venâncio/Expressão Popular, 2012.

LEMOS, Rafael. A Vila Isabel ensina: patrocínio não significa carnaval ruim. *Veja,* Rio de Janeiro, 17 fev. 2013. Entretenimento. Disponível em: <http://veja.abril.com.br/noticia/entretenimento/a-vila-isabel-ensina-patrocinio-nao-significa-carnaval-ruim/>. Acesso em: 22 jan. 2016.

LOVATELLI, Carlo. Conjuntura econômica e o agronegócio: Abertura. *13° Fórum ABAG.* 2008. Disponível em: <http://www.agroanalysis.com.br/12/2008/conteudo-especial/13-forum-abag-conjuntura-economica-e-o-agronegocio>. Acesso em: 25 out. 2015.

MANAH. *Pirituba Net* [2015]. Disponível em: <www.pirituba.net/manah/>. Acesso em: 12 out. 2015.

MARZOCHI, Roger. Glaucia Nahsser lança CD e planeja shows para março. *O Estado de S. Paulo,* São Paulo, 07 dez. 2010. Cultura. Disponível em: <http://cultura.estadao.com.br/noticias/geral,glaucia-nahsser-lanca-cd-e-planeja-shows-para-marco,650649>. Acesso em: 05 fev. 2016.

MELLO, João M. C. de M., NOVAIS, Fernando, A. Capitalismo tardio e sociabilidade moderna. *In:* NOVAIS, Fernando A., SCHWARCZ, Lilia M. *História da Vida Privada no Brasil.* vol. 4. São Paulo: Companhia das Letras, 1998.

MENDONÇA, José Eduardo. *Agronegócio agride a água.* Planeta Sustentável. Editora Abril, São Paulo, 19 nov. 2010. Disponível em: <http://planetasustentavel.abril.com.br/blog/planeta-urgente/agronegocio-agride-agua-273909/>. Acesso em: 08 jan. 2016.

MENDONÇA, Marcel; RIBEIRO, Dinalva; THOMAZ JR., Antonio. A modernização da agricultura e os impactos sobre o trabalho. *In: Scripta Nova, Revista Electrónica de Geografía y Ciencias Sociales,* Universidad de Barcelona, vol. VI, n. 119 (44), 2002. Disponível em: <http://www.ub.es/geocrit/sn/sn119-44.htm>. Acesso em: 26 nov. 2015.

MENDONÇA, Sonia Regina. Estado e Hegemonia do Agronegócio no Brasil. *In: História e Perspectivas,* Uberlândia (32/33): 91-132, Jan.Jul./Ago.Dez. 2005.

_____. O Patronato Rural Brasileiro na atualidade: dois estudos de caso. *Anuario del Centro de Estudios Históricos "Prof. Carlos S. A. Segreti",* Córdoba (Argentina), año 8, n° 8, 2008, 139-159.

MINISTRO da Cultura diz que Lei Rouanet é 'engodo' e que vai mudá-la. *Jornal Valor Econômico,* São Paulo, 29 jan. 2015. Brasil. Disponível em: <http://www.valor.com.br/brasil/3885620/ministro-da-cultura-diz-que-lei-rouanet-e-engodo-e-que-vai-muda-la>. Acesso em: 10 jan. 2016.

MIRANDA, Danilo. Apresentação. *In:* WU, Chin-Tao. *Privatização da cultura: a intervenção corporativa nas artes desde os anos 80.* São Paulo: Boitempo, 2006.

MONSANTO. Mundo melhor. *In: YOUTUBE.* Vídeo (1m01s). [2003]. Disponível em: <https://www.youtube.com/watch?v=7y4EnsSW814>. Acesso em 25 out. 2015.

MONSANTO BRASIL. Nos dê um minuto: transgênicos. *In: YOUTUBE.* Video (1m25s). [2015]. Disponível em: <https://www.youtube.com/watch?v=7PzwHMho6pk>. Acesso em: 28 out. 2015.

MONSANTO facilities round the world. *MONSANTO,* St. Louis, [2015]. Disponível em: <http://www.monsanto.com/whoweare/pages/our-locations.aspx>. Acesso em: 22 out. 2015.

MPF e IDEC tentam suspender campanha publicitária da Monsanto. *Revista Consultor Jurídico,* São Paulo, 18 dez. 2003. Disponível em: <http://www.conjur.com.br/2003-dez-18/mpf_idec_tentam_suspender_propagandas_monsanto>. Acesso em: 23 out. 2015.

MUSEU de Artes e Ofícios recebe exposição internacional "Escassez|Desperdício", do Prêmio Syngenta de Fotografia. *Syngenta,* ago. 2015. Disponível em: <http://www3.syngenta.com/country/br/pt/imprensa/releases/Pages/507.aspx>. Acesso em: 10 jan. 2016.

NASCIMENTO, Fernando. A fim de reconquistar público, Globo investe em pelo menos duas novelas rurais para o ano que vem. *TV FOCO,* 03 out. 2015. Destaque. Globo. Disponível em: <https://www.otvfoco.com.br/a-fim-de--reconquistar-publico-globo-investe-em-pelo-menos-duas-novelas-rurais--para-o-ano-que-vem/>. Acesso em: 23 nov. 2015.

NEVES, Lúcia. A nova pedagogia da hegemonia no Brasil. Entrevista concedida a Eneida Oto Shiroma e Olinda Evangelista em 23 de junho de 2010. *Revista Perspectiva.* Florianópolis, v. 29, n. 1, 229-242, jan./jun. 2011. Disponível em: <http://educa.fcc.org.br/pdf/rp/v29n01/v29n01a10.pdf>. Acesso: 03 jun. 2014.

_____; PRONKO, Marcela. A atualidade das ideias de Nicos Poulantzas no entendimento das políticas sociais no século XXI. *In: Germinal: Marxismo e Educação em Debate,* Londrina, v. 1, n. 2, p. 97-111, jan. 2010.

O ANO em que a bancada ruralista perdeu a vergonha. *In: Movimento dos Trabalhadores Rurais Sem Terra,* São Paulo, 2015. Dados disponíveis em: <http://www.mst.org.br/2014/12/01/o-ano-em-que-a-bancada-ruralista-perdeu-a--vergonha.html>. Acesso em: 15 jan. 2015.

O QUE é *Marketing* Cultural. *Revista Marketing Cultural Online,* Rio de Janeiro, [2015a]. Disponível em: <http://www.marketingcultural.com.br/oquemktcultural.asp?url=O%20que%20%E9%20Mkt.%20Cultural>. Acesso em: 10 dez. 2015.

O QUE são as leis culturais? *In: ImageMagica,* São Paulo, [2015b]. Invista. Disponível em: <http://www.imagemagica.org.br/portal/index.php/_invista/>. Acesso em: 13 dez. 2015.

OLHAR da Comunidade. Exposição Olhar da Comunidade em Campo Florido. *Facebook.* 2015. Disponível em: <https://www.facebook.com/1442455952723626/photos/ms.c.eJxF0NkNAzAIA9CNKgiHyf6LVcKt8~;tkTs~_prr7liJ66H~;9BlMH8pqAJLijC~_QFOTFrkhaAJKZidcvolCPOHMIJKorbHlIBN5yVACMHdxVJN0wkam9zDBJWbCPWoYMIFd6e0oH1BH0PvCzEP~_LGjErAklcDZhOs48Np8gG0K~;XRsS0wALpaa

MpwS9wtHZWEE.bps.a.1485656911736863.1073741839.144245595272
3626/1485657261736828/?type=3&theater>. Acesso em: 02 nov. 2015.

OLIVEIRA, Adriano. Público masculino aquece mercado do sexo durante feira do agronegócio. *G1*, Ribeirão Preto/Franca, 02 maio 2014. Disponível em: <http://g1.globo.com/sp/ribeirao-preto-franca/agrishow/2014/noticia/2014/05/publico-masculino-aquece-mercado-do-sexo-durante-feira-do--agronegocio.html>. Acesso em: 12 jan. 2016.

OLIVEIRA, Ariovaldo Umbelino. O campo brasileiro no final dos anos 1980. In: STEDILE, João Pedro. *A Questão Agrária no Brasil*. O debate na década de 1990. 2ª edição. São Paulo: Expressão Popular, 2013.

ONDEI, Vera. Agronegócio na veia. Negócios. *Dinheiro Rural*. 01 jan. 2012. Disponível em: <https://www.dinheirorural.com.br/secao/agronegocios/agronegocio-na-veia. Acesso em 04 nov. 2015.

OS SERTANEJOS mais ricos do Brasil. *Daqui de Brasília*, Brasília, [2013]. Disponível em: <http://www.daquidebrasilia.com.br/2013/07/os-sertanejos-mais--ricos-do-brasil.html>. Acesso em: 05 jan. 2016.

PACHECO, Maria Emília. Em defesa da agricultura familiar sustentável com igualdade de gênero. *In: Perspectivas de Gênero*: debates e questões para as ONGs. Recife: GT Gênero – Plataforma de Contrapartes Novib/SOS CORPO Gênero e Cidadania, 2002. (obra coletiva).

PADIGLIONE, Cristina. Globo leva carnaval a outros países. *O Estado de S. Paulo*, São Paulo, 14 jan. 2015. Caderno de Cultura. Disponível em: <http://cultura.estadao.com.br/noticias/geral,globo-leva-carnaval-a-outros-paises--imp-,1634418>. Acesso em: 04 fev. 2016.

PARCEIROS e associados – pessoa jurídica. *Orquestra Sinfônica do Estado de São Paulo*, São Paulo, [2013]. Disponível em: <http://www.fundacao-osesp.art.br/PaginaDinamica.aspx?Pagina=patrocinioeapoiocorporativo>. Acesso em: 18 maio 2013.

PARCERIAS: Parceiros e patrocinadores atuais. *MASP*, São Paulo, 2010. Disponível em: < http://masp.art.br/masp2010/parcerias_comotornar.php>. Acesso em: 01 maio 2013.

PARENTE, José Vaz. *Reforma Agrária na atualidade e perspectivas*. [Março de 2011] Disponível em: <http://www.egov.ufsc.br/portal/sites/default/files/anexos/29857-29873-1-PB.pdf>. Acesso em: 08 fev. 2016.

PATROCÍNIO. *Orquestra do Estado do Mato Grosso*, Cuiabá, [2013]. Disponível em: <http://www.orquestra.mt.gov.br/>. Acesso em: 08 fev. 2016.

PELÉ fará propaganda para CNA sobre sustentabilidade. *G1*, Brasília, 04 jul. 2012. Globo Rural. Disponível em: <http://g1.globo.com/economia/agronegocios/noticia/2012/07/pele-fara-propaganda-para-cna-sobre-sustentabilidade.html>. Acesso em: 20 maio 2013.

PEREIRA, Mônica C.B. Revolução Verde. *In:* CALDART, Roseli *et al.* (Org.). *Dicionário da Educação do Campo*. Rio de Janeiro/São Paulo: Escola Politécnica de Saúde Joaquim Venâncio/Expressão Popular, 2012. p. 687-691.

PETROBRAS é a empresa que mais polui as águas do país, diz estudo. *Universidade Metodista de São Paulo*, São Paulo, 19 mar. 2008. Rudge Ramos Online. Economia. Disponível em: <http://www.metodista.br/rronline/noticias/

economia/pasta-3/relatorio-sobre-a-qualidade-das-aguas-nomeia-as-10-empresas-que-mais-poluem>. Acesso em: 08 jan. 2016.

PETROLI, Viviane. Agências de publicidade se profissionalizam em agronegócio com busca por mídia. *Olhar Direto*, Cuiabá, 05 abr. 2015. Agro Olhar. Disponível em: <http://www.olhardireto.com.br/agro/noticias/exibir. asp?noticia=Com_busca_por_midia_agencias_de_publicidade_se_profissionalizam_em_agronegocio_em_Mato_Grosso&id=18900>. Acesso em: 22 nov. 2015.

PIANISTA Arthur Moreira Lima virá à Vitória de Sto. Antão. *A Voz da Vitória*, Vitória de Sto. Antão, 06 nov. 2008. Disponível em: <http://www.avozdavitoria.com/pianista-arthur-moreira-lima-vira-a-vitoria-de-sto-antao/>. Acesso em: 02 fev. 2016.

PICCININI, Fernando. Como as agências de publicidades segmentam o mercado do agronegócio. Entrevista ao Portal do Agronegócio [01/07/2014]. *In: Portal do Agronegócio*. Disponível em: <http://www.portaldoagronegocio.com. br/entrevista/como-as-agencias-de-publicidades-seguimentam-o-mercado-do-agronegocio-218>. Acesso em: 29 out. 2015.

PINTO, Viviane Cristina. *Políticas Públicas para a cultura do campo no Brasil*. 2015. 126f. Dissertação de Mestrado em Filosofia pelo Programa de Pós-Graduação em Estudos Culturais. Escola de Artes, Ciências e Humanidades. Universidade de São Paulo, São Paulo, 2015. Disponível em: <http://www.teses.usp.br/teses/disponiveis/100/100135/tde-11042016-102427/pt-br.php>. Acesso em: 20 abr. 2016.

PLATONOW, Vladimir. Seis estados concentram 60% das riquezas geradas pela agropecuária brasileira, mostra IBGE. *In: Agência Brasil*, Brasília, 2012. Economia. Disponível em: <http://agenciabrasil.ebc.com.br/noticia/2012-12-12/seis-estados-concentram-60-das-riquezas-geradas-pela-agropecuaria-brasileira-mostra-ibge>. Acesso em: 12 jun. 2013.

PRADA, Stella. *O caminho das Águas*. 2013. Disponível em: <http://stellaprada. com/2013/10/03/livro-o-caminho-das-aguas/.>. Acesso em: 15 dez. 2015.

PORTO Nacional vai receber Museu Itinerante que via expor aos portuenses conhecidas obras de artes. *In: PREFEITURA PORTO NACIONAL*, Porto Nacional, [2015]. Disponível em: <http://www.portonacional.to.gov.br/noticias-54865-noticia-porto-nacional-vai-receber-museu-itinerante-que-via-expor-aos-portuenses-conhecidas-obras-de-artes.html#.Vlj74L-P8ZM>. Acesso em: 20 dez. 2015.

PORTO-GONÇALVES, Carlos Walter. *A Globalização da Natureza e a natureza da globalização*. Rio de Janeiro: Civilização Brasileira, 2006.

PORTO-GONÇALVES, Carlos Walter. Geografia da riqueza, fome e meio ambiente: pequena contribuição crítica ao atual modelo agrário/agrícola de uso dos recursos naturais. *Revista Internacional Interdisciplinar INTERthesis*, Florianópolis, v. 1, n. 1, p. 1-55, jan. 2004. Disponível em: <https://periodicos.ufsc.br/index.php/interthesis/article/view/604>. Acesso em: 09 ago. 2015.

PRÊMIO Fundação Bunge. *In: FUNDAÇÃO BUNGE. Linhas de atuação – Incentivo à Excelência*. São Paulo, 2011. Disponível em: <http://www.fundaca-

obunge.org.br/linhas-de-atuacao/incentivo-a-excelencia/premio-fundacao-
-bunge/>. Acesso em: 08 dez. 2015.

PRÊMIO Syngenta abre inscrições. *Gazeta Digital,* Cuiabá, 25 mar. 2005. Disponível em:<https://www.gazetadigital.com.br/conteudo/show/secao/62/og/1/
materia/68692/t/premio-syngenta-abre-inscricoes>. Acesso em: 14 nov.
2015.

PROGRAMA de Democratização Cultural: Grupo Votorantim. *Canal Contemporâneo,* São Paulo, 06 jun. 2007. Disponível em: <http://www.canalcontemporaneo.art.br/saloesepremios/archives/001289.html>. Acesso em: 10 dez.
2015.

PROJETO AGORA: O que é o projeto AGORA. *In:* PROJETO AGORA: agroenergia e meio ambiente. [2009]. Disponível em: <http://www.projetoagora.
com.br/projeto-agora.php>. Acesso em: 10 dez. 2015.

QUAINO, Lilian. Agronegócios têm apenas 0,2% da publicidade do país, diz associação. *In: G1. Globo Rural.* Rio de Janeiro, 08 nov. 2013. Disponível em:
<http://g1.globo.com/economia/agronegocios/noticia/2013/11/agronegocios-tem-apenas-02-da-publicidade-do-pais-diz-associacao.html>. Acesso
em: 29 out. 2015.

RABELLO, João Bosco. Enredo da Mocidade Independente, em 2011, prega convivência entre o agronegócio e o meio-ambiente. *O Estado de S. Paulo,* Brasília, 25 abr. 2010. Disponível em: <http://politica.estadao.com.br/blogs/
joao-bosco/enredo-da-mocidade-independente-em-2011-prega-convivencia-entre-o-agronegocio-e-o-meio-ambiente/>. Acesso em: 22 jan. 2016.

RABOBANK. Sobre o Rabobank. *Press release:* Rabobank leva a Palmas exposição
de projeto Olhar da Comunidade. São Paulo, out. 2015. Disponível em:
<http://www.rabobank.com.br/pt/content/sobre_o_rabobank/sala_de_imprensa/2015/exposicao_em_palmas.html>. Acesso em: 15 nov. 2015.

_____. *Projetos sociais nas comunidades locais.* São Paulo, 14 nov. 2012. Rabobank
Brasil – Sustentabilidade. Disponível em: <http://www.rabobank.com.br/
pt/content/sustentabilidade/projetos_sociais.html>. Acesso em: 15 nov.
2015.

RECLAME – "Confiança é Friboi" da Lew'Lara\TBWA, confira os bastidores. *In:*
YOUTUBE. 2014. Vídeo publicitário (4m59s). Disponível em: <https://
www.youtube.com/watch?v=IAsLkh4Okv8>. Acesso em: 25 nov. 2015.

RECLAME – Veja os bastidores da campanha feita para a marca Friboi pela agência Fischer & Friends. *In:* YOUTUBE. 2012. Vídeo publicitário (4m31s).
Disponível em: <https://www.youtube.com/watch?v=xYcE5J_oqug>. Acesso em: 14 nov. 2015.

RESTAURAÇÃO do Teatro Guarany em Santos. *Skyscrapercity,* jul. 2013. Disponível em: <http://www.skyscrapercity.com/showthread.php?t=680462>.
Acesso em: 20 nov. 2015.

RESULTADO. *Fundação Bunge,* São Paulo, [2016]. Projetos – Prêmio Fundação
Bunge – Galeria de premiados. Disponível em: <http://www.fundacaobunge.org.br/projetos/premio-fundacao-bunge/galeria-de-premiados.php>.
Acesso em: 02 fev. 2016.

RIBEIRO, José Hamilton. O Caminho dos Caipiras: Música de raiz ganha novo
tratamento e formações "mais modernas" por intermédio dos músicos da

nova geração violeira. *Revista Globo Rural,* São Paulo, n. 351, p. 50-53, jan. 2015.

RICCO, Flávio. Globo derruba próxima novela das 21h, de Maria Adelaide Amaral. *In:* PORTAL UOL. *Tv e famosos.* São Paulo, 24 set. 2015. Disponível em: <http://tvefamosos.uol.com.br/colunas/flavio-ricco/2015/09/24/globo--derruba-proxima-novela-das-21h-de-maria-adelaide-amaral.htm>. Acesso em: 31 out. 2015.

RUDIGER, Francisco. *Comunicação e Teoria da Crítica da Sociedade:* Fundamentos da Crítica à Indústria Cultural em Adorno. 2. ed. rev. ampl. Porto Alegre: EDIPUCRS, 2002. (Coleção Comunicação, 19).

SACCHITIELLO, Bárbara. Gisele: a diva da publicidade em 2015. *Meio & Mensagem,* São Paulo, 22 dez. 2015. Comunicação. Disponível em: <http://www.meioemensagem.com.br/home/comunicacao/noticias/2015/12/22/Gisele-a--diva-da-publicidade-em-2015.html#ixzz3zbNe4Nsi>. Acesso em: 10 jan. 2016.

SADIA inaugura fábrica em Vitória este mês. *A Voz da Vitória,* Vitória de Santo Antão, 08 mar. 2009. Disponível em: <http://www.avozdavitoria.com/pianista-arthur-moreira-lima-vira-a-vitoria-de-sto-antao/>. Acesso em: 02 fev. 2016.

SANTA CRUZ, Lúcia. *Responsabilidade social:* visão e intermediação da mídia na redefinição do público e do privado. 2006. 243f. Dissertação de Mestrado apresentada ao Programa de Pós-Graduação em Comunicação e Cultura, Escola de Comunicação, Universidade Federal do Rio de Janeiro, Rio de Janeiro, 2006. Disponível em: <http://www.bocc.ubi.pt/pag/santa-cruz-lucia--responsabilidade-social.pdf>. Acesso em: 14 dez. 2015.

SANTIAGO, Darlene. Carnaval do Agronegócio. *Revista Dinheiro Rural,* Ed. 101, São Paulo, mar. 2013. Agronegócios. Disponível em: <http://dinheirorural.com.br/secao/agronegocios/carnaval-do-agronegocio>. Acesso em: 22 jan. 2016.

SANTOS, José Joceli. *Indústria Cultural no Assentamento Conquista na Fronteira.* Trabalho de Conclusão do Curso de Extensão em Teoria Social e Produção do Conhecimento. Universidade Federal do Rio de Janeiro (UFRJ) e MST. Rio de Janeiro, 2005.

SANTOS, Milton. Território e Sociedade. *Entrevista com Milton Santos.* Entrevistadores: Odette Seabra, Mônica de Carvalho e José Corrêa Leite. São Paulo: Editora Fundação Perseu Abramo, 2000.

SANTOS, Milton; SILVEIRA, Maria Laura. *O Brasil:* Território e sociedade no início do século XXI. 2. ed. Rio de Janeiro: Editora Record, 2001.

SAUER, Sérgio. Dinheiro público para o agronegócio. *In:* LE MONDE DIPLOMATIQUE BRASIL. São Paulo, 2010. Disponível em: <http://www.diplomatique.org.br/artigo.php?id=654>. Acesso em: 10 nov. 2015.

SEMINÁRIO INTERNACIONAL DE DEMOCRATIZAÇÃO CULTURAL, 1, São Paulo. *Acesso à Cultura e promoção da Cidadania.* São Paulo: INSTITUTO VOTORANTIM, 2007. Disponível em: <http://www.blogacesso.com.br/wp-content/uploads/2010/10/Publicacao-do-Seminario.v3.pdf>. Acesso em: 14 jan. 2016

SETOR da borracha contrata mais de 1,2 mil trabalhadores em 3 meses. *G1.* Rio de Janeiro, 02 nov. 2015. Jornal Nacional. Disponível em: <http://g1.globo.com/jornal-nacional/edicoes/2015/11/02.html#!v/4581567>. Acesso em: 04 nov. 2015.

SILVA, R. P. da. Rodeio: Um texto sobre Goiás. *Sociedade e Cultura,* v. 4, n. 2, p. 171-194, jul./dez. 2001. Disponível em: <http://revistas.ufg.emnuvens.com.br/fchf/article/view/532>. Acesso em: 02 dez. 2015.

SOBRE o sistema CNA: Federações. *Canal do Produtor,* Brasília, [2013]. Disponível em: <http://www.canaldoprodutor.com.br/sobre-sistema-cna/federacoes>. Acesso em: 18 jun. 2013.

SORRISO (MATO GROSSO). *In: WIKIPÉDIA.* 2016. Disponível em: <https://pt.wikipedia.org/w/index.php?title=Sorriso_(Mato_Grosso)&oldid=45583689>. Acesso em: 22 jan. 2016.

SP: IHARA comemora 50 anos com shows gratuitos em todo o Brasil. *Página Rural,* Sorocaba, 24 fev. 2015. Agroindústria. Disponível em: <http://www.paginarural.com.br/noticia/212914/ihara-comemora-50-anos-com-shows--gratuitos-em-todo-o-brasil>. Acesso em: 20 nov. 2015.

STYCER, Mauricio. Diretor explica por que terceira reprise de "Rei do Gado" faz tanto sucesso. *Blog do Mauricio Stycer,* 19 fev. 2015. Disponível em: <https://mauriciostycer.blogosfera.uol.com.br/2015/02/19/diretor-explica-por--que-terceira-reprise-de-rei-do-gado-faz-tanto-sucesso/?cmpid=copiaecola>. Acesso em: 23 nov. 2015.

SYNGENTA lança prêmio internacional de fotografia. *In:* SYNGENTA, 2015. Disponível em: <http://www3.syngenta.com/country/pt/pt/a_syngenta/Noticias/Pages/0048.aspx>. Acesso em: 10 jan. 2016.

TAGUCHI, Viviane. Agronegócio na mídia: movimento quer aproximar cidadãos urbanos do campo. *Revista Globo Rural,* São Paulo, 19 jul. 2011. Disponível em: <http://revistagloborural.globo.com/Revista/Common/0,,EMI250023-18071,00-AGRONEGOCIO+NA+MIDIA+MOVIMENTO+QUER+APROXIMAR+CIDADAOS+URBANOS+DO+CAMPO.html>. Acesso em: 06 fev. 2016.

_____. Monsanto vai investir US$ 150 milhões no Brasil em 2015. *Revista Globo Rural,* São Paulo, 10 dez. 2014. Disponível em: <http://revistagloborural.globo.com/Noticias/Agricultura/noticia/2014/12/monsanto-vai-investir--us-150-milhoes-no-brasil-em-2015.html>. Acesso em: 27 out. 2015.

TEATRO DE TÁBUAS. *Circuito Estradafora.* Campinas, [2015]. Disponível em: <http://teatrodetabuas.wix.com/estradafora>. Acesso em: 12 jan. 2015.

_____. *Circuito Estradafora:* o que é? Campinas, 2011. Disponível em: <http://www.teatrodetabuas.com.br/estradafora/2011/paginas/oque.html>. Acesso em: 12 jan. 2016.

TEIXEIRA, Gerson. A sustentação política e econômica do agronegócio no Brasil. *Reforma Agrária*, São Paulo, n. esp., p.13-30, jul. 2013. Fascículo especial: "Agronegócio e realidade Agrária no Brasil". ISSN: 0102-1184. Disponível em: <http://www.abrareformaagraria.com.br/indez.php/publicacoes/revistas>. Acesso em: 14 set. 2014.

TEJON, José Luis; TRUJILLO, Victor. Highliths da Pesquisa O eleitor brasileiro e o Agronegócio. *In:* CONGRESSO BRASILEIRO DE AGRONEGÓCIO,

13º, 2014, São Paulo. Disponível em: <http://www.abag.com.br/media/pdfs-congresso/2014/apresentacao-congresso-4-agosto.pdf>. Acesso em: 28 out. 2015.

THE SYNGENTA PHOTOGRAPHY AWARD. *Deforestation.* Switzerland, 2013. Disponível em: <http://ruralurban.syngentaphoto.com/the-exhibition/deforestation/index.html>. Acesso: 10 jan. 2016.

TOLENTINO, C.T.A. *O rural no cinema brasileiro.* São Paulo: Editora UNESP, 2001.

TURTELLI, Camila. Crise deixa dez usinas paradas na atual safra de cana-de-açúcar. *Folha de São Paulo.* São Paulo, 24 abr. 2014. Cotidiano. Disponível em: <http://www1.folha.uol.com.br/cotidiano/ribeiraopreto/2014/04/1444575--crise-deixa-dez-usinas-paradas-na-atual-safra-de-cana-de-acucar.shtml>. Acesso em: 02 jun. 2014.

UNIÃO DA INDÚSTRIA DE CANA-DE-AÇÚCAR. Crise do sistema elétrico expõe falta de estímulo para a bioeletricidade de cana. *In: União da Indústria de Cana-de-açúcar.* Comunicado à imprensa. São Paulo, 30 mar. 2014. Disponível em: <http://revistagloborural.globo.com/Noticias/Agricultura/Cana/noticia/2014/03/unica-crise-no-setor-eletrico-expoe-desestimulo-biomassa.html>. Acesso em: 02 jun. 2014.

VALE Cultura: meta é atender 3 milhões até 2020. *In: Portal Brasil.* Brasília, 01 fev. 2016. Disponível em: <http://www.brasil.gov.br/cultura/2016/02/vale--cultura-meta-e-atender-3-milhoes-ate-2020>. Acesso em: 22 jan. 2016.

VAZ, Tatiana. Klabin é a melhor do agronegócio de Melhores e Maiores 2015. *In:* EXAME.com. *Negócios,* São Paulo, 01 jul. 2015. Disponível em: <http://exame.abril.com.br/negocios/noticias/klabin-e-a-melhor-do-agronegocio--de-melhores-e-maiores-2015>. Acesso em: 06 jan. 2016.

'VELHO Chico', de Benedito Ruy Barbosa, é confirmada como nova novela das 9. *In: G1.* GShow-Bastidores. 07 out. 2015. Disponível em: <http://gshow.globo.com/Bastidores/noticia/2015/10/velho-chico-de-benedito-ruy-barbosa-e-confirmada-como-nova-novela-das-9.html>. Acesso em: 30 out. 2015.

VIA Campesina ocupa Monsanto e destrói experimentos em SP. *In: Movimento dos Trabalhadores Rurais Sem Terra.* Jornada de Lutas das Mulheres Sem Terra 2008. Disponível em: <http://antigo.mst.org.br/node/944>. Acesso em: 23 nov. 2015.

VILLAS BÔAS, Rafael Litvin. Novo ciclo de modernização conservadora: Indústria cultural e reconfiguração da Hegemonia. *REBELA*, Florianópolis, v. 1, n. 3, p. 152-179, fev. 2012.

_____. *Propaganda ideológica nas telenovelas da Rede Globo.* [S.L: s.n.], 2008. Mimeo.

_____; CHÃ, Ana Manuela. Agronegócio e Indústria Cultural: as formas do *show-business* da oligarquia rural brasileira. *In:* FERNANDES, B. M.; PEREIRA, J. M. M. (Orgs.). *Desenvolvimento territorial e questão agrária:* Brasil, América Latina e Caribe. São Paulo: Cultura Acadêmica, 2016.

WILLIAMS, Raymond. *Marxismo e Literatura.* Rio de Janeiro: Zahar, 1979.

_____. *Palavras-Chave.* São Paulo: Boitempo, 2007.

WU, Chin-Tao. *Privatização da cultura:* a intervenção corporativa nas artes desde os anos 80. São Paulo: Boitempo, 2006.

APÊNDICE A – QUADRO COM OS PROJETOS FINANCIADOS VIA RENÚNCIA FISCAL PELA TRANSNACIONAL SYNGENTA DE 1998 A 2015

Nome do Projeto	Segmento	Apoio R$
Dicionário Brasileiro de Artes Plásticas	Edição de Livros	30.000,00
Prêmio de Música Instrumental de Viola (I) (2003)	Música Instrumental	350.000,00
Até que o Sexo nos Separe	Teatro	277.500,00
Planeta Terra, Planeta Visível	Edição de Livros	277.500,00
Prêmio de Música Instrumental de Viola (II)	Música Instrumental	600.000,00
Prêmio de Música Instrumental de Viola (I) (2004)	Música Instrumental	45.000,00
Vencedores	Artes Integradas	155.000,00
História da Cana-de-Açúcar	Edição de Livros	200.000,00
Livro de Fotografias: COFFEA - A Cultura do Café no Brasil no Século XXI	Edição de Livros	68.068,00
Sementes Ornamentais do Brasil (2007)	Edição de Livros	100.000,00
Plano de Atividades – Associação Coral Renascer	Música Popular	22.000,00
Imin 100 – Integração e evolução do Nikkey – programação artística	Artes Integradas	250.000,00
Rio de Baixo – Centro de Audiovisual do Baixo São Francisco	Infra-estrutura Técnica Audiovisual	115.000,00
Edição do Livro Histórico de Londrina e Região	Edição de Livros	14.000,00
Gestão do Conhecimento – Vol II. Compêndio de Indicadores de Sustentabilidade de Nações. Uma contribuição ao Diálogo.	Edição de Livros	85.000,00
Paraná Central – O Vale das Utopias (2008)	Edição de Livros	250.000,00
Sementes Ornamentais do Brasil (2008)	Edição de Livros	60.000,00
Margem – Informativo da Canoa de Tolda e do Baixo São Francisco (A)	Periódicos	30.000,00
Circuito Brasil de Viola Instrumental (2009)	Música Instrumental	369.000,00
Projeto Luzitânia	História	35.000,00
Memorial do Plantio Direto de Mauá da Serra	Museu	50.000,00
Anjos da Alegria	Teatro	19.475,42

Gestão do Conhecimento – Vol II. Compêndio de Indicadores de Sustentabilidade de Nações. Uma contribuição ao Diálogo.	Edição de Livros	3.935,00
Circuito Brasil de Viola Instrumental (2009)	Música Instrumental	320.000,00
Restauro dos Galpões (Antiga Marcenaria e Serralheria) do Instituto Butantan - SP	Arquitetônico	243.275,00
Nova História de Cinyra (A)	Teatro	93.451,00
Edificações de Madeira em Toledo: Memórias	Artes Integradas	15.000,00
Paraná Central – O Vale das Utopias (2010)	Edição de Livros	80.000,00
Pianista Álvaro Siviero e a orquestra The City of Prague	Música Erudita	31.300,00
Circuito Brasil de Viola Instrumental (2010)	Música Instrumental	270.794,00
Plano de atividades 2012 – Instituto Vladimir Herzog	Artes Integradas	100.000,00
Patrimônio vivo – O centenário da colonização holandesa nos Campos Gerais do Paraná – 2011	Multimídia	100.000,00
Circuito Brasil de Viola Instrumental II	Música Instrumental	450.000,00
Turnê de Lançamento do CD Vambora – Glaucia Nahsser (2011)	Música Popular	232.000,00
Qualificação do Espaço Museal da Fundação Cultural Suábio-Brasileira – Museu Histórico de Entre Rios	Artes Integradas	388.000,00
Qualificação do Espaço Museal e Cultural do Parque Histórico de Carambeí (2011)	Museu	200.000,00
Mata Viva	Teatro	483.000,00
Teatro nas universidades 2012	Teatro	236.000,00
Vamos Cuidar do Nosso Mundo IV	Teatro	180.000,00
O Café na Zona da Mata MG	Livros de valor Humanístico	100.970,00
Tradução em espanhol do livro Paraná Central de Nivaldo Kruger	Livros de valor Humanístico	182.692,00
Turnê de Lançamento do CD Vambora – Glaucia Nahsser (2012)	Música Popular	230.000,00
Plano Anual de Atividades da Fundação Cultural Suábio-Brasileira para 2012	Artes Integradas	180.000,00
Qualificação do Espaço Museal e Cultural do Parque Histórico de Carambeí (2012)	Museu	180.000,00
Museu da Cana-de-Açúcar	Preservação de Patrimônio Museológico	500.000,00
Por um mundo melhor	Teatro	800.000,00
Plantando o Bem	Teatro	182.000,00
Se eu pudesse mudar o mundo	Teatro	55.262,00
Unidos da Tijuca Carnaval 2015	Teatro	970.000,00

Vamos Cuidar do Nosso Mundo V	Teatro	94.738,00
Escassez Desperdício: Prêmio Syngenta de Fotografia	Exposição de Artes	672.100,00
Livro Olhares que transformam	Livros de valor Artístico	991.826,00
Natal Luz de Uberlândia	Teatro	30.000,00
Plano anual de atividades Alfa 2016	Teatro	100.000,00
Arte, Palavra, Alimento	Exposição de Artes	500.000,00
Festival As Quatro Estações – título provisório	Música Instrumental	1.000.000,00

Fonte: Quadro elaborado a partir de informações do sistema Salicweb (Brasil, 2015).